러시아 구어연구

발화 문체론, 발화 계발론, 수사학

표상용 ☙ О.В. Муран 지음
김민수 옮김

Стилистика

Культура речи

Риторика

한국외국어대학교 출판부

머리말

'러시아어 구어연구: 발화 문체론, 발화 계발론, 수사학'은 2권으로 구성된 종합 교재이다. 제1권은 러시아어 구어를 공부하는 외국인 학습자들을 위한 이론 중심의 강의 교재이며, 제2권은 제1권의 이론 부분에 대한 연습문제들로 구성된 실용 교재이다.

제1권의 구성은 다음과 같다.

제1장 '발화 문체론'은 독자들에게 문체론의 기본 개념과 러시아어 발화 음성 조직의 기반, 그리고 문체적으로 의미를 가지는 음성적 수단들에 대해 소개한다.

제2장 '발화 계발론'은 현대 러시아어 발음의 규칙들과 변이형들에 대한 소개 자료들이 기반을 이룬다.

제3장 '수사학'은 연설 기법의 기본 개념들과 발성 과정을 구성하는 주 요소들 및 발화 기술에 대해 개괄적으로 소개한다. 이 주제는 실용적인 측면이 강하여 충분한 연습이 필요하다. 따라서 러시아어 발성 관련 학과가 개발한 발화 기법 연습문제들을 본 서의 제2권에 제시한다.

제2권은 습득한 지식의 정착을 목표로 하는 연습문제들로 구성된 실용 교재이다. 연습문제들은 제1권의 구성 순서에 따라 배치되며, 몇 가지 이론적인 사항들과 연습문제들이 음성 파일로 제작되어 제2권에

첨부된다.

본 교재는 기본적으로 중급 이상의 러시아어 능력을 갖춘 외국인 학습자들을 위해 구성된 것이지만 러시아어에 관심을 가진 폭넓은 독자층에 유익할 것이다.

본 교재 구성에는 러시아어 언어학계의 일반적인 입장이 기반이 되었으며, 많은 예와 연습문제들은 기존의 저서들을 참고하였음을 밝혀둔다. 필요한 경우에는 각주 형식으로 출전을 밝혔으며, 제1권 말미에 참고문헌 목록을 제시하였다.

역자 서문

이 책은 "Сан-Ён Пё, О.В. Муран, Русская устная речь: Стилистика. Культура речи. Риторика. - Seoul: HUFS Press, 2008."을 완역한 것이다.

국내에 많은 러시아어 관련 서적이 출판되어 있으나 문체론, 발화 계발론, 수사학 등 위 러시아어 원서에서 다루고 있는 구어의 중요 부분에 관한 서적은 전무한 상황이다. 따라서 이 책은 러시아어 학습자들뿐 아니라 러시아어를 가르치는 분들에게도 많은 도움이 될 것이라고 생각한다.

본 번역서는 주로 학생들이 러시아어 구어 문체론, 발화 계발론, 수사학 분야의 기본 이론을 우리말로 읽어 보다 용이하게 습득할 수 있게 하려는 목적으로 구성되었다. 또한 번역 과정에서 원문의 문장 구조와 문체를 가능한 한 그대로 유지하였으므로 필요한 경우 원문과 비교하며 읽으면 러시아어 언어학 용어와 학술적 문체 습득에도 도움이 될 것으로 생각한다.

많은 시간과 노력을 들여 집필한 귀중한 저서의 번역을 허락해주신 표상용 교수님과 올가 무란 교수님께 감사 드린다.

2008년 4월 역자

서 론

러시아 작가인 니콜라이 미하일로비치 카람진은 "여섯 살이면 모든 주요한 언어들을 배워 사용할 수 있으나, 모국어는 평생을 두고 배워야 한다."고 한 볼테르의 말에 덧붙여 "그 점에서 우리 러시아 사람들은 다른 나라 사람들보다 더 큰 어려움을 겪는다."고 했다.

"그렇다면 외국인은?" 여러분은 그렇게 자문할 수 있을 것이다.

여러분은 러시아어로 말하고 읽고 생각하기를 원하는가? 그렇다면 끊임없이 노력하기로 단단히 마음먹어야 한다. 카람진이 말한 것처럼, 러시아 사람도 모국어인 러시아어를 완벽하게 구사하기 위해서는 적지 않은 노력을 해야 하는데, 하물며 외국인인 경우는 어떻겠는가? 저명한 프랑스 작가 프로스퍼 메리메는 고골에 관한 논문에서 러시아어에 관해 이렇게 썼다. "러시아어는 음성적으로 발달된 풍부하고 생생한 언어, 강세의 유연성 면에서 독특한 언어, 다양한 음성 표현이 가능한 언어로서 가장 섬세한 뉘앙스까지도 전달할 수 있으며, 그리스어처럼 끝없는 창조적 사고를 담아낼 수 있는 언어이다. 러시아어는 마치 시를 쓰기 위해 만들어진 언어처럼 보인다."[1]

그렇다면 어떻게 해야 이 풍부한 언어를 제대로 구사할 수 있을까?

물론, 설정한 목표를 달성하는 방법은 여러 가지가 있을 수 있다. 신문이나 문학작품을 읽거나 인터넷을 이용할 수도 있고, 영화를 보거

---

[1] Проспер Мериме, Статьи о русских писателях. М., 1958

나 러시아어를 자유롭게 구사하는 사람들과 대화를 나누는 방법도 있다. 그러나 실용 러시아어를 높은 수준으로 구사하기 위해서는 **문체론, 발화 계발론, 수사학** 등을 공부할 필요가 있다. 러시아어 초급 과정을 마친 여러분은 러시아어 수업 시간에 그런 학문 분야 명칭들을 아마 여러 번 들어보았을 것이다.

문체론은 특정 의사소통 상황에 필수적인, 러시아어 내에 공존하는 다양한 수단들에 대해 알려준다. 예를 들어, 러시아인의 이름인 알렉세이, 알렉산드르, 미하일, 올가 등은 알료샤/ 알료셴카/ 알료슈카, 싸샤/ 싸쇽/알렉사슈카, 미샤/ 미샤냐/ 미하, 올랴/ 올렌카/ 올카 등 아주 다양한 변이 형태를 가진다. 이러한 변이형들은 각각의 고유한 의미 내용을 가지며, 다양한 상황에서 사용될 수 있다. 달리 말하자면, 이들은 어떤 인물을 지칭하는 세 가지 다양한 방법이 된다. 러시아어로 자유롭게 말하고자 한다면, 이런 점에 대해서도 알아야 한다.

문체론을 공부하게 되면, 이른바 언어의 기능적 측면을 알 수 있게 된다. 즉, 러시아어 화자가 구체적인 의사소통 상황 및 주변 상황에 맞게 자신의 사고와 청자에 대한 태도를 최대한 정확하게 표현하는데 사용하는 러시아어의 문체적으로 유표적인 수단들에 대해 알 수 있게 된다.

발화 계발론은 문체론과 밀접한 연관성을 가지는 분야이다. 라틴어 **cultura**에서 기원한 문화라는 단어의 기본 의미가 땅을 일구어 작물을 재배할 수 있도록 준비한다는 것임을 생각해 볼 때, 발화 계발론은 말을 보다 정확하고 훌륭하게 사용할 수 있도록 끊임없이 가꾸어 나가는 노력이라고 할 수 있다. 그런 점에서 언어적 수단의 다양성을 포괄하며 발화를 보다 풍성하고 아름답게 해주는 문체론에 대한 지식이 없다면, 발화 계발론은 생각할 수 없는 것이다. 저명한 러시아 언어학자 골로빈도 “발화 계발론은 언어 문체들을 사용할 줄 모른다면 있

을 수 없는 것이 된다."고 하였다.[2]

발화 계발론은 문체론과는 달리 언어 내에 존재하는 특정 수단을 특정 상황에서 보다 올바르게 사용할 수 있도록 해주며, 때로는 특정 수단의 사용을 금지하기도 한다. 즉, 언어 내에 공존하는 음성, 단어, 어구, 문장 단위의 변이형들 가운데에서 올바른 것을 선택할 수 있도록 도움을 주는 것이다.

여러분은 발화 계발론적인 규칙에 근거해서 러시아어 선생님을 **"Алексей Фёдорович!"**, **"Александр Сергеевич!"**, **"Михаил Васильевич!"**, **"Ольга Владимировна!"** 등으로 부를 수 있다. 그런데 러시아어 선생님들은 서로서로를 **"Фёдорыч!"**, **"Сергеич!"**, **"Оль Владимна!"** 등으로 부르기도 한다. 그리고 여러분이 이 선생님들 댁으로 전화를 했을 때, 가족 중 한 사람이 전화를 받아 이렇게 말할 수도 있다.

"Сейчас **Алексея Фёдорыча (Александра Сергеича** 또는 **Михаила Василича** 또는 **Ольги Владимирны)** нет дома." 또한 가족들은 선생님이 퇴근하면 이렇게 전할 수 있다. "**Алёш (Саш/ Миш/ Оль/ пап/ мам)** тебе звонил студент." 그리고 어린 시절에 어머니들은 이 선생님들을 **"Алёшенька/ Сашенька/ Мишенька/ Олюшка"** 등의 애칭으로 불렀을 것이다. 러시아 황제 피터 1세도 친구이자 공신인 Александр Меньшиков를 **"Алексашка"**라고 불렀다고 한다. 물론, 공식 석상에서는 모두들 그를 "Ваше сиятельство **Александр Данилович**"라고 불렀을 테지만 말이다.

수사학은 고대에는 만학의 여왕이라 불리던 분야로 웅변술, 즉 명확하고 설득력 있게 말하는 기법에 관한 것이다. 그러한 기법은 모든 시대 모든 민족들이 중시하였다. 고대 그리스인들은 이미 기원전 5세

---

[2] Б.Н. Головин, Основы культуры речи, с.256.

기에 웅변술에 관한 첫 번째 교재를 펴낸 바 있으며, 러시아에서 수사학에 관한 첫 번째 교재가 나온 것은 17세기 초이다. 연설 기법을 완벽하게 구사하는 사람은 작위나 재산이 없어도 사회 내에서 높은 위치를 차지할 수 있었다. 그런 점에서 "말을 잘 못하는 것은 읽거나 쓰지 못하는 것과 다름없는 것이다.", "화려한 말솜씨는 출세의 비결이다."라고 한 안톤 체홉의 말은 오늘날에도 적용된다.

그렇다면, 예를 들어 백 쪽이 넘게 쓴 학위 논문을 심사 받기 위해 7분 정도 발표해야 한다면, 발표문은 어떻게 구성해야 할까? 그리고 어떻게 말을 해야 심사위원들로부터 좋은 평가를 받을 수 있을까?

수사학이 그러한 문제들에 대한 해답을 제시해준다. 수사학은 오랜 세월에 걸쳐 웅변의 원리와 기법을 축적해왔으며, 원한다면 누구나 그것을 배울 수 있다. 현대 수사학은 발화 계발론, 그리고 문체론과 밀접하게 연관되어 있는 학문이자 기법이다. 수사학은 한편으로는 이론적 측면에서 학습자에게 발화 구성의 기본 원리들을 알려주며, 다른 한편으로는 실질적 측면에서 이 원리를 익혀 모국어 또는 러시아어로 대중 앞에서 연설하는 기법을 터득하도록 도움을 준다.

이처럼 러시아어 문체론, 발화 계발론, 수사학을 공부하는 것은 러시아어의 표현적 다양성을 습득하는 길일 뿐 아니라, 성공적이고 효과적인 러시아어 의사소통의 기반을 터득하는 길이 된다.

일반적으로 의사소통은 구어와 문어의 두 가지 형식으로 수행된다. 우리 교재는 그 중에서 러시아어 구어, 즉 음성 발화에 중점을 두고 있다. 러시아어 학습의 기본 단계를 마친 여러분은 구어 발화의 구성 요소들인 음성, 억양, 강세 등 음성적 수단들에 대해 알고 있을 것이다.

"러시아어 구어연구: 발화 문체론, 발화 계발론, 수사학"이라는 제목의 이 책은 외국인 학생들이 러시아어 구어 발화 능력을 향상시키는데 도움을 주기위한 목적으로 집필된 교재로, 본 교재로 공부하면 다음에 관한 것을 알게 된다.

- 러시아어의 특정한 **문체적 의미**를 가지는 음성적 수단들 ('제1장 문체의 음성적 재료들'에서)
- 러시아어 **발화 규범**, 즉 러시아어 발화 문화 부문에 정착된 구어 발화의 원리 ('제2장 발화 계발론' 부분에서)
- 발화의 수행 또는 발성과 관련되는 **수사학 분야의 개념과 규칙** ('제 3 장 수사학' 부분에서)

목 차

∞ 머리말 ... 1

∞ 역자 서문 ... 3

∞ 서　론 ... 4

제1장 발화 문체론 13

1. 문체론이란 무엇인가? 15

1.1. 언어 ... 17

1.2. 발화 ... 18

1.3. 언어 스타일과 발화 스타일 ... 29

2. 문체 자료로서의 음성 33

2.1. 러시아어 발음의 문체적 변이형들 ... 33

2.2. 발성 스타일 ... 34

2.2.1. 불완전 발성 스타일 / 34

2.2.2. 완전 발성 스타일 / 37

2.3. 발음 스타일 ... 38

2.3.1. 고급 스타일 / 39

2.3.2. 일상 대화 스타일 / 40

2.3.3. 중립적 스타일 / 41

3. 문체 재료로서의 억양 43

3.1. 억양 ... 43
3.2. 억양의 유형 ... 44
3.2.1. 문법적 억양 / 44
3.2.2. 논리적 억양 / 45
3.2.3. 감정 표현적 억양 / 47

4. 러시아어 발화의 음성 조화 49
4.1. 음성 조화와 부조화의 개념 ... 49
4.2. 발화의 음성 조화를 위한 방법들 ... 50
4.2.1. 단어 내 자음과 모음의 교체 / 50
4.2.2. 조음상 유사하거나 동일하며 발음이 어려운 음성이 반복되는 단어 사용 배제 / 52
4.2.3. 짧은 단어와 긴 단어의 결합과 교체 / 53
4.2.4. 미적으로 허용된 '아름다운' 음성들의 사용 / 53
4.2.5. 바람직하지 않거나 비어적인 연상을 초래하는 음성 결합 또는 문장의 의미를 훼손하는 음성 결합을 초래하는 단어들의 사용 배제 / 54
4.3. 언어 내적 불협화음과 언어 간 불협화음 ... 54
4.3.1. 언어 내적 불협화음 / 54
4.3.2. 언어 간 불협화음 / 55

5. 음향표현법 57
5.1. 두운법 ... 57
5.2. 유사 모음 반복법 ... 59
5.3. 의성법 ... 60

* 관련 참고문헌 64

제2장 발화 계발론 65

1. 발화 계발이란 무엇인가? 67

2. 정음법 70

2.1. 정음법의 개념 ... 70
2.2. 정음법 발생의 역사적 측면 ... 72
2.2.1. 모스크바 발음 / 72
2.2.2. 페테르부르크 발음 / 75
2.2.3. 변이의 개념 / 76

3. 정음법의 종류 82
3.1. 발음 규칙 ... 83
3.1.1. 모음 영역의 발음 규칙들 / 83
3.1.2. 자음 영역의 발음 규칙들 / 90
3.2. 강세 규칙 ... 102
3.3. 억양 규칙 ... 107
3.3.1. ИК-1을 통해 표현되는 의미 / 107
3.3.2. ИК-2를 통해 표현되는 의미 / 108
3.3.3. ИК-3를 통해 표현되는 의미 / 110
3.3.4. ИК-4를 통해 표현되는 의미 / 111
3.3.5. ИК-5를 통해 표현되는 의미 / 113
3.3.6. ИК-6를 통해 표현되는 의미 / 114
3.3.7. ИК-7을 통해 표현되는 의미 / 116

* 관련 참고문헌 117

제3장 수사학 119

1. 수사학이란 무엇인가? 121
1.1. 수사학 성립의 간략한 역사 ... 124
1.2. 수사학을 어떻게 배울 것인가? ... 126
1.3. 수사학의 기본 개념 ... 131

2. 발성 기법 134
2.1. 음성 ... 134

2.1.1. 음성의 정의 / 134
2.1.2. 음성의 음향적 특성 / 136
2.1.3. 음성의 유형 / 142
2.2. 음성의 의사소통 특성 … 143
2.3. 호흡 … 146
2.3.1. 조음기관의 명칭 / 147
2.3.2. 호흡의 유형 / 148
2.3.3. 호흡 운동 / 150
2.4. 딕션 … 150
2.4.1. 모음 А, Э, О, У, Ы, И의 조음 / 151
2.4.2. 자음의 조음 / 152
2.4.3. [j] 음가가 첨가된 모음 Я, Ё, Ю, Е의 조음 / 156
2.4.4. 딕션의 결합 / 157

* 관련 참고문헌 158

참고문헌 … 159

제 1 장
발화 문체론

문체론이란 무엇인가? 1.

문체론이란 용어는 한 끝은 뾰족하여 글을 쓰는데 사용하고 다른 끝은 뭉툭하여 쓴 글을 지우는데 사용했던 작은 막대형 사물의 명칭인 **stylos**에서 기원한다. 그것은 고대 최초의 필기도구 가운데 하나였다. 고대인들은 이 도구를 사용하여 밀랍이 덮인 판에 자신의 생각을 기록했고, 나름대로 문자의 원형들을 남기기도 했다. 어떤 사람은 작고 둥근 기호를 사용했고, 어떤 사람은 크고 뾰족한 기호를 사용했으며, 또 어떤 사람은 그림을 사용하여 표기하기도 하였다. 이처럼 각자는 **stylos**를 사용하여 나름대로의 표기 방법, 나름대로의 필체를 구현하게 되어 '문체'라는 개념이 발생하게 되었다.

문체 또는 스타일이라는 개념은 오랜 세월에 걸쳐 형성되었으며, 현재는 몇 가지 다양한 의미를 가지고 있다. "문체는 인간 자신이다."라고 한 18세기 프랑스 철학자이자 작가인 뷰퐁의 말로부터 시작하여 그 의미를 살펴 보기로 하자.

우리는 사람을 처음 만나게 되면, 우선 그의 외모, 즉 옷차림, 눈빛, 표정 등을 살피고 그와 인사를 나눈 뒤 그의 목소리를 들으며 그가 어떤 사람인가를 판단하게 된다. 오래 전 소크라테스도 "너의 말을 들으면, 나는 네가 누구인지 말할 수 있다."고 말했고, 저명한 러시아 학자 리하쵸프도 사람을 파악하는데 가장 좋은 방법은 그의 말을 들어보는 것이라고 하였다. 이에 더하여 필체도 사람을 판단하는데 중요한 것이라고 여겨진다. 공자도 "필체를 보면 그가 군자인지 소인인지 알 수 있다."고 했다. 필적학자들은 필체가 사람의 장점과 단점을 모두 반영하는 거울이며, 필체를 통해 그 주인에 관한 많은 것을 알 수 있다고 한다. 이처럼 사람의 외모, 옷차림, 말하고 쓰는 습관 등은 사람의 스타일(Стиль)을 구성한다.

이 스타일(Стиль)이라는 단어는 오랜 세월을 거치면서 다양한 의미를 가지게 되었다. 이 단어가 다양한 상황에서 어떻게 쓰이는가를 다음 예를 통해 살펴보자.

1. Дворец Кёнбоккун построен в традиционном корейском **стиле** (эпохи династии Ли).
2. Мне очень нравится **стиль** национального женского корейского платья «ханбок».
3. Я хорошо плаваю **стилем** «брасс».
4. В России Новый год отмечают два раза – по новому **стилю** – 1 января и старому стилю – 14 января (Старый Новый год).
5. Он всегда опаздывает – это в его **стиле**.
6. Библейские термины (библеизмы) принадлежат высокому **стилю** русского языка.
7. Этот текст написан в публицистическом **стиле**.

스타일이라는 단어의 다양한 의미를 보여주는 이 예들 가운데에서 마지막 두 개만이 **문체론** 개념과 연관된다. 하나는 **언어(Язык)**와, 다른 하나는 **발화(Речь)**와 연관된 것이다. **문체론**의 개념적 내용에 대해 좀 더 자세히 살펴보기 위해서는 먼저 언어와 발화라는 언어학적으로 중요한 두 개의 개념에 대해 알아야 한다. 독자들은 일상 생활에서는 종종 혼용되기도 하는 이 두 개의 개념이 서로 다른 내용을 가진다는 점은 어느 정도 알고 있을 것이다. 이 단어들의 정확한 의미를 살펴보자.

1.1. 언어(Язык)

오제고프 사전을 비롯한 러시아의 여러 사전들을 살펴보면, **язык**이라는 단어에 11개 이상의 의미가 제시되고 있음을 볼 수 있다. 몇 가지 사전에 제시된 정의를 살펴보면 다음과 같다.

- 오제고프[3] 해석 사전: '**언어** – 사고 활동을 객관화시키며 사회 내에서 사람들 간의 의사소통, 의견교환, 상호이해의 수단이 되는, 역사적으로 형성된 음성, 단어, 문법적 수단의 **체계**.'
- 예프레모바 해석 사전: '**언어** – 일정한 음성적, 어휘적, 문법적 구성을 가지며 인간 사회에서 의사소통 수단으로 기능하는, 말을 통한 사고 표현이 역사적으로 형성된 **체계**.'
- 바실리예바 등의 언어학 용어 소사전: '**언어** – 의사소통의 기본 수단으로 기능하며, 말 또는 문자라는 실현 형식 가운데 적어도 하나를 가지며 다양한 존재 양식으로 제시되는, 사회적으로 가공되고 역사적으로 변화하는 **기호들의 체계**.'

위 세 가지 사전의 정의에서 공히 강조되어 우리의 주목을 끄는 것은 언어가 **체계**라는 점이다. 오제고프는 '음성, 어휘, 문법적인 다양한 수단들의 체계'라고 했고, 예프레모바는 이것이 '특정한 음성적, 어휘적, 문법적 구성을 가지는 체계'라고 했으며, 바실리예바의 사전에서는 '다양한 양식으로 존재하는 기호들의 체계'라고 하였다. 그런데 이 체계가 무질서하고 조직되지 않은 다수의 것을 지시하는 것이 아니라면, 그것은 반드시 구조를 가져야 한다. 그렇다면 기호 체계라는 것은 무엇이며, 그 체계는 무엇으로 구성되어 있고, 또 그 구조는 어떤 것일까?

언어는 다층의 건물에 비교할 수 있다. 그리고 그 층들은 언어 단위들로 구성된 언어 층위에 비교할 수 있다. 그렇게 볼 때, 1층은 구어 발화의 지각 단위가 되는 음성(звук) 또는 음소(фонема)(문어에서는 문자

---

[3] 세르게이 이바노비치 오제고프 – 러시아 언어학자, 러시아 및 해외에 가장 잘 알려진 러시아어 해석사전인 Толковый словарь русского языка의 저자.

(буква))의 층, 2층은 언어 내 의미의 최소 단위인 형태소(морфема)의 층, 3층은 단어 또는 어휘소(лексема)의 층, 4층은 단어 또는 어구가 특정 순서로 배열되어 완결된 의미를 표현하는 문장(предложение)의 층이 된다.

따라서 **언어**는 사람들의 의사소통 수단인 기호(음성, 문자, 단어, 문장)들의 **체계**가 된다. 이러한 언어의 구조를 다음과 같이 표시할 수 있다.

4. 통사적 층위	– 문장
3. 어휘적 층위	– 단어(어휘소)
2. 형태적 층위	– 단어 형태(형태소)
1. 음성적 층위	– 음성(음소)

1.2. 발화(Речь)

발화의 개념을 살펴보면, 오제고프는 발화를 말하는 능력으로, 예프레모바는 사고를 말로 표현하는 능력으로 정의한다.

러시아에서 얼마 전에 출판되어 많은 이들의 주목을 받고 있는 백과사전 «Культура русской речи»에서는 발화를 '공간과 시간 내에서 선적으로 조직된 말하는 과정으로서, 언어를 사용한 의사소통 능력, 체계적으로 고정된 언어 단위들을 사용하여 의사소통의 의도를 실현시키는 능력'으로 정의한다.[4]

이러한 정의들을 기반으로, 발화를 노동, 인식, 놀이 등의 활동과 같은 계열의 **활동**이라고 볼 수 있다. 그렇다면 그 활동은 어떻게 조직되는가?

헤겔은 발화를 사람들 사이에서 발생하는 행위라고 하였다. 실상 발화 행위(речевой акт)를 수행하기 위해서는 **무엇을 어떻게 왜** 말하는

---

[4] Культура русской речи: Энциклопедический словарь-справочник/Под ред. Л.Ю.Иванова, А.П.Сковородникова, Е.Н.Ширяева и др.-М.: Флинта:Наука, 2003.

가를 알고 있어야 한다. 이를 기반으로 발화 행위 구조를 다음과 같은 내적 측면들로 나누어 볼 수 있다.

- 화자의 **목적** 또는 **의도**를 실현하는 측면, 즉 **말하는 이유**.
  이를 발화 행위의 **수행적 측면**이라 할 수 있다.
- 발화 의미 실현 측면, 즉 **말하는 내용**.
  이를 발화 행위의 **의미적 측면**이라 할 수 있다.
- 음성 또는 문자 형태로 발화를 실행하는 측면.
  이것은 **어떻게** 말하거나 쓸 것인가 하는 문제와 연관된다. 이 측면은 특정한 언어적 수단들의 선택을 전제로 하므로, **언어적인 측면**이라고 할 수 있다.

이제 실생활에서 발화 행위가 어떻게 수행되는지 예를 통해 살펴보기로 하자. 예를 들어, 강의실에 러시아인 선생님과 외국인 학생들이 있고, 러시아어 문법 수업이 진행되고 있다고 가정해 보자.

학생들은 왜 강의실에 와 있는가?

러시아어 문법 지식을 얻어 러시아어로 말하는데 사용하는 방법을 배우기 위해서 왔다고 대답할 수 있을 것이다.

그렇다면 선생님은 왜 왔는가?

당연히 학생들에게 해당 지식을 전하고 문법적으로 올바르게 러시아어로 말하도록 가르치기 위해서 왔을 것이다. 이처럼 **의사소통**의 주체들, 즉 **청자**, **화자**인 학생들과 선생님은 특정한 목적을 가지고 있으며, 그것이 바로 위에서 말한 의사소통 과정의 **의도**가 된다. 발화의 화용론적인 측면은 그것을 기반으로 실현된다.

또한 학생들과 선생님은 상호 의사소통을 수행하는데, 그것은 시장이나 병원이 아니라, 바로 강의실에서 이루어진다. 따라서 선생님이 제공하는 개념 정보의 양과 내용은 교육 상황 범위로 제한된다. 이점이 바로 해당 상황에서의 의미론적 측면의 실현이 된다.

그리고 해당 상황에서 성공적이고 **효과적인 의사소통**이라는 결과를 얻기 위해 선생님은 음성적, 어휘적, 형태적, 통사적 수단 등 언어 체계의 모든 요소들로 구성된 수업자료를 선정한다.

이처럼 특정 상황(**발화의 의미적 측면**)에서 특정 인물과 특정 목적(**발화 수행 측면**)으로 의사소통을 수행하기 위해서는, 즉 목적에 부합하는 **발화 행위**를 수행하기 위해서는 도구로서의 언어(**발화의 언어학적 측면**)가 필요하다. 이제 하나의 문장과 마찬가지인 단일 발화 행위, 그리고 텍스트와 마찬가지인 일련의 발화 행위가 **의사소통 상황**이라는 다양한 조건과 **의도**라는 다양한 화용론적 조건에서 어떻게 수행되는가를 살펴보자.

예 №1.

'부탁' 의도의 실현 (의도의 단호함이 점증되는 순서)

- Вы не могли бы дать мне эту книгу?
  (극히 부드러운 어조에 동반되는 약한 확신의 부탁)
- Дали бы вы мне эту книгу!
  (약한 설득에 동반되는 약한 확신의 부탁)
- Будьте добры, дайте мне, пожалуйста, эту книгу!
  (직접적이지만 극히 공손한 부탁)
- Может быть, вы дадите мне эту книгу?
  (의문문 형식의 부탁)
- Я прошу вас, дайте мне эту книгу!
  (직접적이며, 청자가 해당 행위를 수행할 필요가 있음을 강조하는 보다 역동적인 부탁)
- Да дайте же мне эту книгу!
  (요구와 거의 비슷한 수준의 부탁)

이제 동일한 대상물, 즉 사람의 시각 기관인 **눈**이 화자의 의도와 해당 상황에 따라 어떻게 다양하게 지시되는가를 살펴보자.

예 №2.

- «**Очи** чёрные, очи страстные, очи жгучие и прекрасные! Как люблю я вас, как боюсь я вас!» (러시아 로망스에서) [경탄의 표현, 사랑에 빠진 남자의 사랑하는 여인에 대한 감정]
- «Посмотрите, как вам идёт это сочетание — темные **глаза** и светлые губы — и это очень модно!» (미용실에서의 대화) [미용사의 손님에 대한 칭찬];
- «Ну, чего ты вытаращил на меня **зенки** свои?» (시장에서의 대화) [낯선 사람에 대한 불쾌한 감정의 험한 표현].

다음 예에서는 확장된 발화, 즉 **텍스트**를 통해 자연현상으로서의 **눈**이라는 동일한 발화 대상이 저자의 의도에 따라 어떻게 다양하게 표현되는가를 살펴보자.

예 №3.

텍스트 A

Осадки

Снег – твердые осадки, состоящие из сложных ледяных кристаллов (снежинок). Формы их разнообразны и зависят от условий образования. Основная форма снежных кристаллов – шестилучевая звезда. Звезды получаются из шестиугольных пластинок, потому что сублимация водяного пара наиболее быстро происходит на углах пластинок, где и нарастают лучи. На этих лучах, в свою очередь, создаются разветвления.

Диаметры выпадающих снежинок могут быть очень различными (в среднем, порядка нескольких миллиметров). Снежинки при падении часто сливаются в крупные хлопья

(백과사전에서)

텍스트 A에서는 대기 강수 현상의 하나인 눈에 관한 학술적 정보가 제시되고 있다. 이런 백과사전 항목의 집필 의도는 해당 강수 현상의 본질적인 속성을 제시하여 '눈'의 개념적 의미를 밝혀주기 위한 것이다. 이와 관련하여 위 텍스트의 전반부는 눈을 구성하는 얼음 결정들의 구조와 형태를 자세하게 기술하고 있으며, 후반부는 그들의 크기에 관한 정보를 제시하고 있다.

위 텍스트에서는 어휘적 구성 상 대부분의 단어들(формы, условия, получаются, разветвления, водяной пар, несколько миллиметров, крупные хлопья)이 직접적인 지시적 의미로 사용되고 있으며, 용어적 특성을 지닌 단어들(осадки, кристаллы, шестилучевая звезда, сублимация, диаметры)도 사용되고 있다.

통사적 측면에서는 «Что – что»나 «Что каково»와 같은 명명적 서술 통사 구조와 «формы зависят, звезды получаются, создаются разветвления»와 같은 현재시제 동사가 활용된 동사 서술 구조가 주로 사용되고 있다. 이런 언어적 수단들은 **전문 학술 분야** 텍스트의 특징이다.

텍스트 B

Много снега в городе – не беда!

Уборка **снега** и очистка кровли от **снега** - основной сезонный вид деятельности компании Альпасити с 1998 года. Специализируясь исключительно на уборке **снега**, компания приобрела большой технологический опыт, сформировала действительно профессиональный коллектив, получила весомый ряд признаний со стороны крупных и известных организаций – заказчиков уборки **снега**. За это время нашей компанией обслуживалось более 500 объектов в Москве и ближнем Подмосковье.

Около 10 профессиональных полностью укомплектованных бригад проведут уборку **снега** в удобное для вас время, опытные менеджеры помогут выбрать оптимальную схему уборки вашего здания, современный парк **снег**оуборочной техники позволит значительно сократить сроки уборки **снега**.

(광고에서)

텍스트 B는 «알파시티»라는 회사의 활동에 관한 것이다. 이미 제목에서 알 수 있듯이, 이 텍스트는 도시 내에 눈이 많이 쌓여있어 문제가 되고 있다는 것 이외에, «не беда»라는 말에서 이 회사가 쌓인 눈을 처리하는데 특별한 가능성을 가지고 있음을 전하고 있다.

이처럼 텍스트 전반부에서는 회사가 지붕에 쌓인 눈을 제거하는 것을 포함하여 눈 치우는 사업을 하고 있다는 정보가 전달되고 있다. 그리고 이 정보는 회사 활동에 대한 다음과 같은 평가적 표현들을 통해서 강조되고 있다.

- (Компания) специализируется **исключительно** на уборке снега, а это предполагает наличие высокого профессионального уровня в этой области;
- (Компания) приобрела **большой** технологический опыт;
- (Компания) сформировала **действительно профессиональный** коллектив;
- (Компания) получила **весомый** ряд признаний.

그 외에 이 텍스트 전반부는 제설 작업 요청 회사들이 수도에 소재하는 저명한 대기업들이라는 점을 전달하고 있으며, 제시된 500이라는 숫자는 독자들로 하여금 고객사의 숫자가 극히 많다는 확신을 가지게 한다. 그리고 이 부분에는 이 회사에 제설 작업을 요청하라는 권유가 명시적으로 나타나 있지 않지만, 전체적으로 이 회사가 신뢰할만한 회사라는 내용을 전달하고 있다. 한편 텍스트 후반부에서는 회사가 제공하는 서비스 목록을 제시하고 있으며, 다음과 같은 **평가적** 의미 요소들을 볼 수 있다.

...**профессиональные** бригады, **опытные** менеджеры, **современный** парк снегоуборочной техники, позволит **значительно** сократить сроки.

이와 같이 광고 문안 작성 시에는 회사의 활동 영역과 그 활동에 대한 평가 요소를 전달함으로써, 잠재적인 고객에 대해 필요한 경우 해당 회사에 서비스를 요청하라는 간접적인 권유를 포함하는 것이 과제가 된다. 달리 말하자면, 위 텍스트 작성자의 **목적** 또는 의도는 전문성을 갖춘 '알파시티'가 제설 작업과 관련된 모든 문제를 신속하게 해결해줄 수 있다는 점을 독자에게 확신시키는 것이다. 바로 이와 같은 목적으로 구성되는 텍스트가 광고 텍스트이다.

이처럼 정보를 **전달**함과 동시에 독자가 그 무엇을 **확신**하도록 하려는 작성자의 의도가 포함된 텍스트, 즉 독자의 의식에 작용하도록 작성되는 텍스트는 의사소통의 **대중-선전** 영역 또는 **대중언론매체** 영역에 해당된다.

텍스트 C

Распоряжение

О ВНЕСЕНИИ ИЗМЕНЕНИЙ В ПОКАЗАТЕЛИ БЮДЖЕТА ГОРОДА МОСКВЫ НА 2001

РАСПОРЯЖЕНИЕ

МЭР МОСКВЫ

3 июля 2001 г.

N 618-PM

В связи с утверждением расценок на зимнюю уборку **снега** и его вывоз с территорий города:

1. Внести изменения в раздел 9 приложения 1, в приложения 2 и 3 к распоряжению мэра Москвы от 6 марта 2001 г. N 192-PM "О распределении бюджетных показателей, утвержденных Законом города Москвы от 27 декабря 2000 года N 41 "О бюджете города Москвы на 2001 год", изложив их в редакции согласно приложениям 1, 2, 3 к настоящему распоряжению.

2. Внести соответствующие изменения в ведомственную структуру расходов на основании статьи 36 Закона города Москвы от 27 декабря 2000 г. N 41 "О бюджете города Москвы на 2001 год".

3. Департаменту финансов г. Москвы представить в установленном порядке предложения о внесении соответствующих изменений в Закон города Москвы от 27 декабря 2000 г. N 41 “О бюджете города Москвы на 2001 год”.

4. Контроль за выполнением настоящего распоряжения возложить на министра Правительства Москвы, руководителя Департамента финансов г. Москвы Коростелева Ю.В.

Мэр Москвы

Ю.М.Лужков

3 июля 2001 г.

텍스트 C는 지시문서로, 조직 운영의 문제를 해결할 목적으로 책임자가 단독으로 수행하는 법률 행위인 업무 지시를 내용으로 하는 문서이다. 이런 텍스트는 앞에서 제시한 텍스트들과는 달리 건조체이며 서술 내용이 명확하다는 점이 특징이다. 이런 텍스트의 목적은 주로 정해진 시기에 특정 행위를 수행할 것을 **요구**하는데 있다. 미정형 형태로 제시된 4개 항목의 지시사항에는 수행해야 할 행위가 구체적으로 열거되어 있다.

- внести изменения в раздел 9 приложения 1 ...(1)
- внести соответствующие изменения в ведомственную структуру расходов ...(2)
- представить в установленном порядке предложения...(3)
- контроль за выполнением настоящего распоряжения возложить на...(4)

이 텍스트에서 볼 수 있듯이, 지시 문서는 특정한 부분들로 구성되어 있다. 문서의 첫 줄에는 전치사 O와 명사로 구성된 문서 제목이 제시되며 이후에는 문서의 헤드 부분이 제시되고, 이어서 지시사항들이 제시된다. 위와 같은 텍스트의 특징은 정형화된 언어적 요소들 또는 **표준적 요소**들이 사용된다는 점이다. 따라서 필자의 개인적 문체는 개입되지 않는다. 그것은 문서이기 때문이다. 이 텍스트와 같은 문체는 **공식-실무적** 의사소통 영역에서 사용된다.

텍스트 D

1) Первый снег

Шёл первый **снег.** Он медленно падал, кружась в захватывающем танце при бледно – жёлтом свете фонаря. Январский ветер пел свою песню и подхватывал то одну, то другую снежинку, унося за пределы власти тусклого фонаря. Казалось, маленькие звёздочки спускаются на землю.

Хотя нет, это не звёзды, это замёрзшие цветы. Их дарит кудесница - зима, как воспоминание о летних ярких клумбах. Холодные цветы. Они падают на ладонь и … тают. Как быстро они тают! И их больше нет. Нет расписных узоров, нет больше причудливых орнаментов. И никто никогда не вспомнит о них. Придя на короткий срок, они исчезают навеки…

Мы похожи на замёрзшие цветы. Так же как они, мы приходим из небытия ненадолго. Только с единственной разницей: Бог подарил нам жизнь, чтобы наши сердца оттаяли для Его любви. Лишь тогда мы не растворимся в небытии, лишь тогда мы станем живыми, оставляя след в жизнях других и даря радость окружающим.

(문학작품에서)

2) Первый снег в Петербурге

Как **снег** пушист, как падает бесшумно
На белый свет безмолвных фонарей.
И город, обновлённый дышит юно,
Одетый в мантию волшебных королей...

(시에서)

위 두 텍스트는 앞에 제시된 텍스트와는 근본적으로 다르다. 텍스트 A는 근본적인 현상을 제시하여 '눈'의 개념을 밝히는 것을 과제로 하지만, 텍스트 D의 1), 2), 즉 산문과 시에서 저자들은 언어적 수단을 통해 첫 눈이 내린 아름다운 풍경을 환상적으로 묘사하는 것을 목적으로 하고 있다.

따라서 저자들은 풍경 묘사를 위해 눈의 형상을 묘사하는 단어들을 사용하고 있다. 텍스트 D 1)의 маленькие звёздочки, замёрзшие цветы с расписными узорами, причудливыми орнаментами 등과 텍스트 D 2)의 мантия волшебных королей가 그런 경우에 해당된다. 첫 번째 텍스트의 저자는 눈을 사람과 인생에 비교하고 있으며, 두 번째 텍스트의 저자는 새하얀 함박눈을 오래된 도시의 초기 시절과 비교하고 있다. 이처럼 이 텍스트들은 눈에 대한 예술적인 묘사를 보여주고 있다. 이런 텍스트는 작가들의 예술적 창작물인 문학작품을 통해 접할 수 있다.

텍스트 E

Первый снег в Одессе

Первый **снег** в Одессе – это тихий ужас!

Лучше дождь, чем одесский **снег**. Вы что, не знаете, во что **он** превращается? Напоминаю. Температура опускается до -3℃, падает этот самый **снег**. Завалы, пробки, стихийное бедствие... Как всегда, неожиданно пришла зима.

Снег лежит два дня, за это время из белого превращается в грязно-серый. На третий день случаются обычные одесские температурные качели, и температура поднимается до +2С. Но **снега** выпало много, а +2 – это мало, и за день он весь растаять не успевает. Ночью температура опять падает в минус, и вся эта слякоть замерзает, образуя толстый непробиваемый слой льда. Который после этого благополучно лежит месяц. Гололёд, все ходят как пингвины, чтобы не поскользнуться. Куча падений и травм. В общественном транспорте потому - народу, как селёдок в бочке.

А что делать? Пешком же не пойдёшь! Многие водители вообще предпочитают по такой погоде не садиться за руль. Нет уж, на фиг-на фиг этот первый **снег**!

(인터넷 포럼 텍스트에서)

이 텍스트에서는 저자가 가상의 독자들에게 던지는 다음과 같은 질문을 볼 수 있다.

Вы что, не знаете, во что он превращается?
А что делать?

이처럼 이 텍스트는 대화적 특성(**диалогичность**)을 보여주는 한편, 감성적인 특성 (**эмоциональность**)도 보여준다. 저자는 텍스트의 첫 머리부터 감성적인 문장으로 시작하고 있다.

Первый снег в Одессе – это тихий ужас!

이 문장에서는 형용사 тихий와 명사 ужас가 결합하여 이른바 모순 형용법(**оксюморон**)을 구성한다. ужас가 사람이 크게 놀라거나 공포를 느끼는 상태를 표현한다면, 이 문맥에서 тихий ужас는 단순히 크게 놀라는 상태에서 더 나아가 돌파구 없는 현재의 상태가 끝없이 지속될 것에 대한 극단적인 경악의 상태를 표현한다. 위 텍스트의 작가는 오데사에 내린 첫 눈에 대해 바로 그런 감정을 표현하고 있다. 또한 이 텍스트에는 다음과 같은 구어적이고 속어적이기까지 한 요소들이 많이 포함되어 있다.

этот самый снег/ температурные качели/ температура падает в минус/ вся эта слякоть/ куча падений/ народу, как селёдок в бочке

이 모든 요소들은 이 텍스트가 대화적인 구조이며, 참여자들이 러시아 여러 지역의 초겨울 날씨와 첫 눈에 대한 감상을 교환하고 있음을 알게 해준다. 이런 텍스트는 집, 거리, 교통수단 등에서의 일상적인 의사소통, 그리고 인터넷 채팅 대화에 사용되는 텍스트의 특성을 보여준다. 이러한 영역을 **사회생활 의사소통 영역**이라고 한다.

이처럼 **발화** 또는 **의사소통 행위**는 화자 또는 필자가 어떤 목적을 가지고 어떤 상황에서 발화 행위를 수행하는가에 따라 구성된다. 이 과정에서 언어는 화자가 자신의 목적에 가장 부합되는 수단을 선택할 수 있는 창고와 같다.

다양한 의사소통 영역에서 목적에 가장 부합되는 발화행위를 하는 방법을 제시해주는 학문이 문체론이다.

문체론은 현존하는 언어적 수단 가운데서 가장 적합한 것을 취사선택하는 원리를 알려주며, 그 수단을 구어나 문어에서 직접 사용하는 방법을 터득할 수 있도록 도와준다. 즉, 언어적 수단을 취사선택하는 원리와 규칙이 무엇인지 밝히며, 의사소통의 목적을 달성하여 대화 상대방에게 원하는 작용을 할 수 있도록 원리와 규칙을 적절히 사용하는 방법을 제시하는 것이 바로 문체론이다.

1.3. 언어 스타일과 발화 스타일

우리가 앞에서 제시한 '**문체**'라는 개념이 다면적인 학문인 현대 문체론의 중심 개념이다.[5] 문체론이라는 학문 자체가 그렇듯이, '**문체**'의 개념도 다면적이다. 권위있는 문헌에서는 보통 그 개념을 다음과 같은 다섯가지로 제시하고 있다.

- 발화 행위 수행의 개인적 태도.
  예: стиль вашего выступления на собрании,
  язык и стиль ранних стихов М.Ю. Лермонтова
- 발화 행위 수행의 일반적인 태도, 구체적인 발화 행위 수행의 일반적인 방법.
  예: научная лекция, судебная речь
- 특정 시대의 언어 패러다임 (특정 시대의 문체적 측면에서의 언어 상태).
  예: в стиле русского литературного языка 1-ой половины 19 века
- 언어 스타일, 즉 전통에 의해 사회 생활의 공통 영역 가운데 하나로 자리잡은 특정한 언어 양상, 또는 어휘, 문법, 음성 등 기본적인 파라메터에서

[5] 현대 문체론 범위 내에서 기능적 문체론, 언어 조어수단 문체론, 실용문체론, 표준문체론 등으로 나누어진다.

해당 언어의 여타 다양한 모습과 부분적인 차이를 보이는 언어 양상.

예: нейтральный стиль, книжный (более высокий) стиль, разговорный (более низкий) стиль

• 기능적 스타일, 즉 사회적인 의미를 가지는 발화의 실제 영역에서 표출되는 문학어의 한 양상.

예: официально-деловой стиль, научный стиль[6]

여기서는 문체론의 기본 개념에 관한 일반적인 내용을 소개하고 있으므로, 위의 정의들 가운데 '**언어 스타일**'과 '**기능적 스타일**'이라는 두 가지 정의가 우리 과제에 좀 더 부합하는 것이라고 할 수 있다. 기능적 스타일이라는 용어는 여러 문헌에서 종종 발화라는 단어와 함께 '**발화의 기능적 스타일**'이라는 용어로 사용된다. 우리는 이 용어를 간단하게 **발화 스타일**이라고 할 것이다.

언어 스타일	**발화 스타일**
- 문어체	- 학술적 문체
- 중립적 문체	- 언론 문체
- 대화체	- 공식 - 실무적 문체
	- 대화체
	- 문학 - 예술 문체

위에서 대화체라는 용어가 두 군데에 모두 사용된 것을 볼 수 있다. 로젠탈(Д.Э. Розенталь)은 이 용어를 이중적인 것으로 보고있다. 이처럼 용어가 중첩되는 것은 러시아어 연구에는 아주 불편한 일이다. 따라서 '기능적 대화체'의 동의어로 일상 대화체 또는 일상 구어라는 용어가 더 자주 사용되고 있다.

언어의 세 가지 스타일은 모든 민족의 현대어에 존재하고 있으며, 사전들에 разг., сниж., высок.(книжн.) 등으로 표기되는 등 어휘 기술

[6] Лингвистический энциклопедический словарь (ЛЭС), с. 494, 567 참조

에 사용되고 있다. 중립적 문체는 표기되지 않는다.

위에 제시한 분류의 예를 들어 보겠다.

언어의 문체

- 문어체

И жало мудрыя змеи
В уста замершие мои
Вложил **десницею** кровавой... [А.С. Пушкин]
В **руце** твои предаю дух Мой [Евангелия от Луки]

- 중립적 문체

У неё уже полгода болит **рука** [из разговора]
Я взял её холодные **руки** и целовал их [В.М. Гаршин]

- 대화체

Вот так **ручища**, - сказал Флак. [А. Грин]
Не трогай меня **рукам**-то своим! [из разговора] (**руками** 대신 방언의 조격형 사용)

발화의 문체

- 일상 대화체 (일상 생활 문체, 일상 구어, 대화 언어) [위에 제시한 텍스트 «Первый снег в Одессе»가 여기에 해당된다.]
- 문학-예술 문체 (예술적 문체, 문학 예술 언어) [위에 제시한 텍스트 «Первый снег», «Первый снег в Петербурге»가 여기에 해당된다.]

학술적 문체 (학술 언어) [위에 제시한 텍스트 «Осадки»가 여기에 해당된다.]
공식-실무적 문체 (실무 언어) [위에 제시한 텍스트 «Распоряжение»가 여기에 해당된다.]
언론 문체 (신문 등 출판물 언어, 대중 매체 언어) [광고 텍스트 «Снег в городе - не беда»가 여기에 해당된다.]

언어의 문체에도 발화의 문체에도 공히 존재하는 속성이 있는데, 그것은 문체가 항상 모든 언어적 수단, 즉 언어 체계를 구성하는 모든 음성적, 어휘적, 형태적, 통사적 수단들 가운데에서 **취사선택**하고 **조합**하는 **원리**에 기반한다는 것이다.

러시아에서는 외국인에 대한 러시아어 문체론 교육 과정을 효과적으로 구성하기 위해 어휘적, 형태적, 통사적 수단들에 대해 많은 연구를 수행하고 있으며, 이에 따라 문체론을 '어휘 문체론', '문법(품사) 문체론', '통사 문체론'으로 나누어 연구, 교육하고 있다. 그러나 음성 문체론은 아직 충분한 연구가 이루어지지 않고 있다.[7]

---

[7] 이와 관련된 외국인을 위한 유일한 교재로 А.Н.Васильева «Курс лекций по стилистике русского языка»를 들 수 있다.

문체 재료로서의 음성 2.

2.1. 러시아어 발음의 문체적 변이형들

아마도 여러분은 러시아로 어학 연수를 갔을 때, 일정 시기 동안 수업 시간에 선생님이 하는 말은 잘 알아들을 수 있는데도 학교의 복도나 거리, 상점 또는 교통수단 내에서 러시아 사람들끼리 하는 말은 몇 개의 익숙한 단어나 단편적인 문장들만 알아들을 수 있었던 경우를 경험했을 것이다.

그런 현상의 이유 가운데 하나가 바로 러시아어 원어민들이 사용하는 단어, 어구, 문장의 발성과 발음의 특별한 방법이다. 이 현상과 관련하여 음성학자들은 다음 두 가지 개념을 분리하고 있다.

- **발성 스타일** 개념
- **발음 스타일** 개념

이 두 가지 스타일 개념을 설명하기에 앞서 **발성(произнесение)**과 **발음(произношение)** 이 본질적으로 서로 다른 개념이라는 점을 밝혀 둔다. 각각의 개념은 다음과 같다.

- **발성(произнесение)** – 이것은 동사 произнести 의 의미처럼 조음 기관의 운동 과정 자체를 의미한다.
  예: Корея и Россия 라는 두 단어의 «р» 음의 정확한 발성.

• **발음(произношение)** – 이는 발화 음성의 조음 특성, 즉 발화 시 조음 기관들의 운동 특성과 각 언어의 구체적인 음성을 발음하기 위해 필요한 조음 기관의 위치적 특성을 말한다.
예: 모스크바 발음, 페테르부르크 발음.

먼저 발성 스타일에 대해 살펴보자. **발성 스타일**은 다음 두 가지로 나누어진다.

• **불완전** 발성 스타일
• **완전** 발성 스타일

2.2. 발성 스타일

2.2.1. 불완전 발성 스타일

의사소통의 일상 대화 상황에서는 발화의 **불완전 발성** 스타일이 전형적이다. 그런 상황에서 러시아어 원어민들은 음성의 조음에 크게 주의를 기울이지 않으며, 보통 빠른 속도로 말하며[8], 몇몇 음성들은 전혀 발음하지 않거나 극히 **약화**시킨다. 다음은 대화에서 발췌한 몇 가지 예들이다. 불완전 발성 스타일에 해당하는 부분을 굵은 글씨로 표시하였다.

• -[У **тя щас ккой** урок **буит**]?
(У тебя сейчас какой урок будет?)
-[У **мня сёнь тока** физра ищё].
(У меня сегодня только физра (физкультура) ещё.)
• -[**Тёть Маш**]! [**Скажить, пажалста, када** дожжик по телику **бищали**]? [**Сёдни**]?
(Тётя Маша! Скажите, пожалуйста, когда дождик по телеку (по телевизору) обещали? Сегодня?)

---

[8] А.Н.Васильева는 발성 속도를 중간 속도, 급속도, 완속도의 세 단계로 구분한다. Васильева «Курс лекций по стилистике русского языка», с. 115. 참조

- [**Танюш**], [А я **вапще ничо** ни сматрела фчира]. [**Глава прям** с утра разбалелась]!
(Танюша! А я вообще ничего не смотрела вчера. Голова прямо с утра разболелась!)

다음은 일상적으로 자주 사용되는 단어의 발성 변이형에 대한 예이다.

- **Здравствуйте** – [здрасьте/ драсьте/ здрась/ драссь/ засссте/ зассе/ зас(극히 짧은 а로 발음)]
- **Пожалуйста** – [пожалуста/ пожалста/ пожалс/ пжалс]
- **Конечно** – [кнешно/ конешн/ кэшно]

다음은 동시에서 발췌한 예로, 아이들이 보모를 친근하게 부르는 형태를 보여준다.

- Анна **Ванна** (Ивановна), наш отряд хочет видеть поросят. (С.Я. Маршак)[9]

격식을 차리지 않고 가까운 사람을 친근하게 부르는 경우, 다음과 같이 이름과 부칭의 불완전 발성 변이형이 사용될 수 있다.

- Александр Александрович – **[Сан Саныч]**
- Павел Павлович – **[Пал Палыч]**
- Иван Иванович – **[Ван Ваныч]**
- Татьяна Ивановна – **[Татьян Ванна]**

그렇다면 현대 러시아 사회에서 그러한 불완전 발성이 얼마나 자주 사용될까? 저명한 러시아 음성학자 파노프(Панов М.В.)는 특정 의사소통 상황에서 격식이 필요 없는 일상적인 발화가 필요한 경우, 모든 사람들이 그런 스타일을 사용하며, 화자는 자신이 그러한 스타일로 말

---

[9] Самуил Яковлевич Маршак – 저명한 아동문학가, 시인, 번역가 (1887-1964).

하고 있는 것을 알지도 못한다고 하였다. 그런 발화를 녹음하여 말 한 사람에게 들려주면, 그는 자신이 말한 것임을 알아채지 못하고 자신은 문학어 규범에 맞게 말하기 때문에 절대 그렇게 말했을리가 없다고 주장할 것이라고 했다.[10]

그러나 문학어 발음을 구사하는 사람들에 의해 사용되는 불완전 발성 스타일은 기본적으로 부주의에 의해 야기되는 발성 또는 러시아어 조음 습관이 결여된 경우와는 구별되어야 한다. 그런 현상에 대해서 러시아의 저명한 연출가 스타니슬랍스키[11]는 "어떤 사람들이 힘없이 또는 조심성 없이 말하여 단어들이 한 덩어리로 뭉쳐 들리는 경우, 나는 꿀 병에 빠진 파리가 생각난다."고 말했다. 이는 정확한 발성(딕션)[12]에 대한 부주의한 태도를 지적한 것이다. 물론 그렇게 말하는 태도는 화자에 관한 특정 정보를 전달해주기도 한다. 그렇게 발화하는 사람은 자신의 발음을 사람들이 정확히 이해하는지에 대해 관심이 없거나, 대화 상대자에 대한 자신의 태도, 즉 주로 부정적인 태도를 보여주려 하는 것일 수 있다.

저명한 러시아 언어학자 아바녜소프는 «Русское литературное произношение»에서 이렇게 쓰고 있다.[13] "사회적 현실은 ... 모호하고 불명확한 조음, 웅얼거리는 소리, 음성 누락, 단어 일부분의 압축 등을 허용하지 않는다. ... 옳지 못한 발성으로 정확한 발음이 왜곡되어서는 안 된다." 그러나 안타깝게도 최근 러시아 젊은이들 사이에서 바로 그런 조심성 없는 발성 태도를 자주 볼 수 있다. 그런 점에서 2000년도 이후 러시아의 전 중고등학교에서 «Русский язык и культура речи»라

---

10 М.В.Панов, Русский язык и советское общество. Фонетика современного русского литературного языка. - М., 1968.- с.106 참조

11 Станиславский Константин Сергеевич – 저명한 러시아 연출가, 스타니슬랍스키 시스템이라는 연기 기법 개발자 (1863-1838).

12 딕션 – 라틴어 dictio에서 차용된 말로 개별 음성, 단어, 문장을 정확하고 깨끗하게 흠없이 발음하는 것을 말한다. 이에 관하여 본 교재 제3장 참조.

13 Р.И.Аванесов, Русское литературное произношение. М.: Просвещение, 1984.

는 새로운 필수과목의 범위 내에서 '발화 기법'이 교육되고 있으며, 러시아어 개별 음성들을 올바르게 발성하도록 교육하는데 힘쓰고 있는 것은 우연이 아니다. 우리 교재에서는 발화 기법 문제를 제3장 '수사학' 부분에서 다루고 있다.

외국인의 경우 불완전 발성 스타일에 관해 어느 정도나 알아야 할까? 우리는 무엇보다도 러시아어 일상 구어를 정확하게 지각하고 이해하는 습관을 들이기 위해 외국인도 그런 발성의 특성에 대해 공부할 필요가 있다고 본다. 그렇다면 그것을 적극적으로 습득할 필요가 있을까? 우리는 여러분이 완전 발성 스타일을 습득하고 빠른 속도로 러시아어로 말할 수 있게 된 후에는 자동적으로 러시아인들처럼 불완전 발성 스타일도 터득하게 될 것이라고 생각한다. 그렇다면 불완전 발성 스타일은 어떤 상황에서 사용하는 것이 가장 적당할까? 그것은 각자가 선택할 문제일 것이다.

2.2.2. 완전 발성 스타일

완전 발성 스타일은 개별 음성들을 명확하고 완전하게 발음하는 것이 특징이다. 완전 발성 스타일로 말하는 화자는 대부분의 음성을 명확하고 깨끗하게 발성한다. 그렇게 발성하는 경우, 셰르바[14]가 말한 것처럼, 단어는 '이상적인 음성적 구성'을 보이게 된다. 러시아어 수업시간, 특히 여러분이 러시아에서 언어 연수를 시작했던 시기에 러시아인 선생님들이 바로 그런 발성 스타일로 말했을 것이다.

최대한 정확하게 이해되도록 말할 필요가 있는 경우, 화자는 완전 발성 스타일로 말해야 한다. 이러한 요구 조건을 준수하지 않는 경우, 그 결과는 의사소통의 심각한 실패뿐만 아니라 재정적 손실을 초래하게 될 수도 있다.

물론, 완전 발성 스타일로 말하는 경우, 실상 빠른 속도로 말하는 것

---

[14] Щерба Лев Владимирович – 저명한 러시아 언어학자 (1880-1944).

은 불가능하다. 그리고 일련의 의사소통 상황에서 화자가 **특정한 목적**을 위해 의도적으로 발화 속도를 늦추어 발음을 좀더 명확하게 하는 경우도 있다. 다음은 바로 그런 발성의 예이다.

1. - Прости меня, пожалуйста, прости!
   - Ни-ко-гда!!!
   (여기서 화자는 느리고 단절된 속도로 말하여 결심이 확고함을 강조하고 있다.)
2. -Ты понимаЕшь, [шш]то ты нАделал?
   (정자법 상의 E 와 A 는 약화되지 않으며, 자음 [ш]가 길게 발성된다. 이 상황에서 화자는 의문문 형태로 극단적인 불만을 표현하고 있다.)
3. - Р-р-разойдись!
   (동사 명령형 내의 자음 [р]가 길게 발성된다. 군대의 지휘관처럼 특정한 권한을 가진 화자에 의해 사용된다.)
4. - Не-е-т, я не жела-а-а-ю ничего об этом слы-ы-шать!!!
   (모음 [е], [а], [ы]가 길고 강하게 발음된다. 발성 속도가 다변적이며, 주로 여성들에 의해 사용된다.)

실제 일상 대화에서는 완전 발성 스타일과 불완전 발성 스타일이 의사소통 조건과 화자의 목적에 따라 교체되고 혼합될 수 있다.

2.3. 발음 스타일

언어의 문체에 상응하게 문학어 발음도 **고급 스타일, 일상 대화 스타일, 중립적 스타일**의 세가지 스타일로 나누어진다.[15] 이제 이 스타일들의 특징을 각각 살펴보자.

---

[15] Р.И. Аванесов, Русское литературное произношение. М.: Просвещение, 1984. с.31

2.3.1. 고급 스타일

러시아어 고급 발음 스타일은 다음과 같은 기본적인 특징을 가진다.

1. 단어, 문장, 텍스트에서 음성 및 음성결합체들을 **정확하게 발음**
2. **완전 발성** 스타일
3. 특정한 경우 **비강세 모음 약화 결여**

다음과 같은 외국어 기원 단어들에서 문자 o는 강세와 관련된 발음 규칙에 부합하는 [Λ]가 아니라 [o]로 발음된다.

- Б**о**а, б**о**монд, б**о**рдо, д**о**сье, н**о**ктюрн, п**о**ртфолио, п**о**эт, п**о**этесса, п**о**эзия, п**о**эма, с**о**нет, ф**о**йе, ф**о**рпост, ш**о**ссе (강세 바로 앞 음절에서)
- Б**о**леро, м**о**дерато, р**о**коко (강세 두 음절 앞)
- Адажи**о**, ариоз**о**, вет**о**, кака**о**, каприччи**о**, кред**о**, маэстр**о**,мецц**о**, портфоли**о**, ради**о**, ретр**о**, сопран**о**, три**о** (강세 뒤 음절)
- 외국어 기원 고유명사들: Б**о**длер, Джордан**о** Брун**о**, В**о**льтер, З**о**ля, Каруз**о**, К**о**эльо, М**о**пассан, Н**о**страдамус, **О**н**о**ре де Бальзак, Р**о**ден, Сильви**о**, Ш**о**пен.

4. **예까니예(Еканье)**, 즉 무강세 모음 **е, я**가 [е]로 발음된다. (이런 발음은 러시아 무대 공연 발성의 특징이었다.)

   예: [н'е]деля, [в'ес]на, [з'ем]ля.

고급 발음 스타일은 화자가 그 어떤 정신적인 것, 숭고한 것에 관하여 말하는 의사소통 상황에서는 반드시 사용되어야 한다. 예를 들어, 러시아어 기도문의 발음이 그러하다. 다음 두 개의 주기도문 텍스트, 즉 현대 러시아어로 된 주기도문 1과 고대 교회슬라브어적 요소들이 포함된 주기도문 2를 비교하면, 고급 발음 스타일이 어떤 것인가 느낄 수 있다.

1. Отче наш! Сущий на небесах!
   Да святится имя Твоё!

Да придёт царствие Твоё;
Да будет воля Твоя и на земле, как на небе;
Хлеб наш насущный дай нам на сей день;
И прости нам долги наши, как и мы прощаем должникам нашим;
И не введи нас в искушение, но избавь нас от лукавого.
Ибо Твоё есть Царство и сила и слава во веки. Аминь.

2. Отче наш! **Иже** **еси** на **небесех**!
Да святится имя **Твое**, да **приидет** Царствие **Твое**,
Да будет воля Твоя, **яко** на **небеси** и на **земли.**
Хлеб наш насущный **даждь** нам **днесь**
И **остави** нам долги **наша**, **якоже** и мы оставляем **должником** нашим,
И не введи нас **во** искушение, но **избави** нас от **лукаваго**,
Яко **Твое** есть Царство и сила и слава во веки. Аминь.

위 텍스트 2의 굵은 글씨로 된 밑줄 친 단어들은 교회슬라브어 단어들이며 고급 문체에 속한다. 이 단어들은 고급 발음 스타일의 요구 사항에 맞게 발음되어야 한다.

2.3.2. 일상 대화 스타일

일상 대화 발음 스타일은 명칭에서 나타나듯이 일상적인 의사소통 영역의 특성을 가진다. 가정에서 또는 친구나 친척들과의 대화에서 우리는 자동적으로 바로 이 스타일의 요소들을 사용하여 구어 텍스트를 발음하게 된다.

이 스타일의 특성은 다음과 같다.

- **러시아 문학어를 구사하는 사람들의 발화에서**는 다음을 볼 수 있다.
  1. 단어, 어구, 문장, 텍스트 발음 시 러시아어 구어 규범에 상응하는 규칙 준수
  2. 특정 상황에 맞게 **완전 또는 불완전 발성 스타일** 사용

3. 이까니예(**Иканье**) – 무강세 я, е를 규범에 맞게 [и]에 가까운 [**и**^{е}] 음으로 발음

예: [н'**и**^{е}]деля, [в'**и**^{е}]сна, [з'**и**^{е}м]ля.

• **러시아 문학어를 구사하지 못하는 사람들의 발화에서**는 다음과 같은 현상을 볼 수 있다.

1. 단어, 어구, 문장, 텍스트 발음 시 현존 규칙들을 준수하지 않는다. 다음은 전형적인 예이다.

-불필요한 음성 첨가:
단어 почерк에 음성 д 첨가 - подчерк,
단어 дерматин에 음성 н 첨가 - дермантин,
단어 будущий에 음성 ю 첨가 - будующий 등

-음성교체: лаборатория를 лабодатория로 발음, заём을 займ으로 발음, афера를 афёра로 발음

-음성 위치 교체: пуловер를 полувер로 발음, бюллетень을 беллютень으로 발음

-연자음 위치에서 경자음 발음: к[**р'э**]м을 к[**рэ**]м으로, [**б'эр'э**]т를 [бэ**рэ**]т로, ко[**ф'э**]를 ко[**фэ**]로 발음

-기타 : [**т'**]를 [**ц**]로 발음 - дай[**т'е**] 를 дай[**ц**]е로 발음
[**д**]를 [**дз'**]로 발음 - пой[**д'**]ём을 пой[**дз'**]ём으로 발음

2. 대부분의 단어와 어구를 불완전 발성 스타일로 발음한다.

3. 방언적 발음을 사용한다.

-오까니예(**Оканье**): 무강세 모음 о를 약화시키지 않는다.
д**о**ро́га를 д[а]ро́га가 아닌 д[о]р[о́]га로 발음
х**о**р**о**шо́를 х[ъ]р[Λ]шо́가 아닌 х[**о**]р[**о**]шо́로 발음

-예까니예(**Еканье**): 무강세 모음 а, я를 [е]로 발음
ч**а**сы́를 ч[**и**^{е}]сы́가 아닌 ч[**е**]сы́로 발음
япо́нский를 [jи^{е}]по́нский가 아닌[**е**]по́нский로 발음

-야까니예(**Яканье**): 연자음 뒤의 무강세 모음 е를 ['а]로 발음
дере́вня를 [д'**а**]ре́вня로 발음
принесу́를 при[н'**а**]су́로 발음

2.3.3. 중립적 스타일

고급, 학술적 발음 스타일과는 달리, **기본** 또는 **중립적 발음 스타일**은 그 어떤 두드러진 특징을 가지지 않는다. 이는 아바네소프의 용어

로 '문체적으로 채색되지 않은' 발음법이다. 실무, 사회생활 또는 낯선 사람과 정보를 주고 받는 의사소통 상황에서 바로 이 스타일로 구어 텍스트를 구성하게 된다.

한편 고급 스타일처럼 이 스타일의 경우에도 모든 규범이 준수되어야 한다. 이미 고전이 되어버린 아바네소프의 저서 «Русское литературное произношение»가 바로 이 스타일의 규범에 따라 저술되었다.

또한 중립적 발음 스타일은 문체적 특징을 가지는 고급 스타일과 일상 대화 스타일의 근간을 이룬다.

비교:

н[Λ]ктю́рны Ш[Λ]пе́на (중립적 스타일) - н[о]ктю́рны Ш[о]пе́на (고급 스타일)

п[Λ]э́зия Ап[Λ]лине́ра (중립적 스타일) - п[о]э́зия Ап[о]лине́ра (고급 스타일)

когда́ - [кΛгда́] (중립적 스타일) - [кΛда́] (일상 대화 스타일)

ба́бушка [ба́бушкъ] (중립적 스타일) - [ба́ушкъ] (일상 대화 스타일)

러시아어를 배우는 외국인 학생들이 이 세 가지 스타일을 모두 익히는 것은 어려운 일이다. 그렇다면 외국인들이 러시아어 발음 세가지 스타일의 특징에 대해 알아야 하며, 방언 발음의 특성도 알고 있어야 할 필요가 있을까? 우리는 그렇다고 생각한다. 거대한 영토에 현존하는 러시아어 방언들의 특성에 대한 기본적인 지식이 없다면, 러시아어에 대한 지식은 완전한 것이 되지 못할 것이다. 또한 러시아의 여러 지방을 다니다 보면 그 지방 원주민들의 구어에서 방언적 발음을 듣게 된다. 그러나 물론 그런 방언적 변이형들이 여러분들의 러시아어 발음에 결정적인 영향을 미치는 것은 바람직하지 않다. 그렇지만 실질적인 의사소통 과정과 러시아 문학작품을 읽는 과정에서 방언적 변이형들뿐 아니라 표준 발음 규칙에 어긋나는 형태들을 많이 만나게 되므로, 러시아어 발음의 다양성에 관한 지식을 갖추게 되면 여러분들이 **보다 완전하게 러시아어를 이해하는데** 도움이 될 것이다.

3. 문체 재료로서의 억양

3.1. 억양(Интонация)

억양은 구어의 중요한 특징이자 구어를 통해 섬세한 사고와 감정, 그리고 문체적 색채를 표현하는 수단이다. 억양은 다음과 같은 요소들의 복합체라고 할 수 있다.

- **발성 방법** (높이에 따른 음성의 톤 변화 / 예를 들어, 평서문과 의문문의 발성 차이)
- **긴장도** (개별 음절 또는 단어 발성의 강도, 세기/ 예를 들어, 아기가 자고 있는 방 안에서의 발성과 지하철 차량 내에서의 발성)
- **발성 속도** (단위 시간에서의 단어, 문장 발성 속도와 발화 단위들 사이의 시간 간격/ 예를 들어, 완만한 속도의 발화와 빠른 발화의 속도 차이)
- **발성 음조** (발화에 감정적-표현적 뉘앙스를 부가하는 음색/ 예를 들어, 온화하고 듣기 좋은 음조, 낮거나 높은 음조)

이 요소들 각각의 역동적인 특성과 복합적인 특성에 따라 억양은 발화에서 강력하고 풍부한 **문법적**, **문체적** 수단이 된다.

3.2. 억양의 유형

학자들은 억양을 보통 **문법적 억양**, **논리적 억양**, **감정 표현적 억양**의 세 가지로 분류한다.[16]

3.2.1. 문법적 억양

문법적 억양 또는 **통사적 억양**은 보통 어순 또는 문장을 통합소로 분절하는 것과 연관된다. 통합소(**Синтагма**)는 하나의 단어나 단어 그룹 또는 문장으로 구성되는 억양 단위로서, 해당 문맥에서 완결된 의미를 전달한다.

예: Интересно, / какая сейчас погода на Байкале?
Я объясню вам, / как доехать до станции «Университет Хангук»./
Это недалеко./

위 예들에서는 형태 - 문법적 분절과 리듬 - 억양 단위가 일치한다. 이러한 분절 구조는 주로 문어체에서 볼 수 있는 특징이다. 다음에 제시하는 예는 T.V 보도 텍스트의 일부인데, 이 텍스트도 형태 - 문법적 분절에 상응하는 통합소들로 분리된다.

Донецкий областной совет/ своим решением/ учредил сегодня региональный праздник/ – День русского языка./ Отмечаться он будет/ 6 июня/ в день рождения великого русского поэта/ Александра Сергеевича Пушкина./ «Этот праздник,/ - сказал председатель комиссии облсовета по вопросам культуры, /духовности/ и поддержки средств информации Марк Бровун, /- мы учреждаем,/ чтобы защитить конституционные права и свободы населения русскоговорящего региона,/ создания необходимых условий /для полноценного функционирования русского языка во всех сферах общественной жизни»./ Ранее/

[16] 이에 관해 А.Н. Васильева , В.Д. Бондалетов и др. 참조

аналогичное решение/ приняли депутаты областного совета Харьковской области./ Кроме того в Донецкой,/ Луганской,/ Николаевской и Харьковской областях,/ а также в городах Донецке,/ Днепропетровске,/ Луганске,/ Николаеве,/ Севастополе и Харькове/ русский язык назван региональным./

대중매체 스타일에 해당되는 이 텍스트는 완만한 속도, 고른 리듬으로 발음해야 하며, 음성의 고저가 균일해야 한다. 각 통합소 내의 밑줄 친 단어들은 통합소 내적 강세 위치를 표시한다. 위에서 볼 수 있듯이, 통합소가 여러 개의 단어로 구성되는 경우 통합소 강세는 보통 마지막 단어에 주어진다.

3.2.2. 논리적 억양

논리적 억양의 주요 수단은 해당 발화에서 가장 중요한 단어를 부각시켜주는 개별적인 강세인 **논리강세**이다. 스타니슬랍스키는 논리강세를 문장 내에서 가장 중요한 단어를 지시해주는 '집게 손가락' 같은 것이라고 했다. 외국인이 러시아어를 습득하는 과정에서 구어의 억양을 통한 의미 표현의 주요 요소인 논리강세에 대해 공부하는 것은 커다란 중요성을 가진다.

논리강세와 관련하여, 러시아어 원어민은 일상 구어에서 보통 직관적 감각에 의존하지만, 외국인은 논리강세에 관한 지식을 습득하고 그것을 올바르게 사용하는 습관을 형성함으로써 의사소통 의도와 상황에 맞게 자신의 사고를 정확하게 표현할 수 있도록 해야 한다.

예를 들어, «Ты написал доклад?»라는 질문에 대해 1. Да, я. 2. Да, написал. 3. Нет, статью.라는 최소 세 가지의 답변을 들을 수 있는데, 이 각각의 답변을 유도하는 데는 다음과 같이 질문의 밑줄 친 부분에 논리강세를 적용한 세 가지 변이형이 필요하다.

1. **Ты** написал доклад?

2.Ты **написал** доклад?

3.Ты написал **доклад**?

논리적 억양은 러시아어의 모든 문체의 발화에서 사용된다. 다음은 공식-실무 문체의 예이다.

> Несколько слов о целях и мерах, предусмотренных национальным проектом «Образование». России нужна конкурентноспособная образовательная система. В противном случае мы столкнёмся с реальной угрозой отрыва качества образования от современных требований. Необходимо в первую очередь поддержать те высшие учебные заведения, которые реализуют инновационные программы, в том числе путём закупки для вузов новейших отечественных и зарубежных образцов оборудования.
>
> (2006 년 5 월 10 일자 푸틴 대통령의 연방회의 교서에서)

다음은 예술적 문체로 한국에도 잘 알려진 푸슈킨의 시이다.

> Если жизнь тебя обманет,
> Не печалься, не сердись!
> В день уныния смирись:
> День веселья, верь, настанет.
> Сердце в будущем живет;
> Настоящее уныло:
> Все мгновенно, все пройдёт;
> Что пройдёт, то будет мило.

3.2.3. 감정 표현적 억양

이 유형의 억양은 화자가 자신이나 청자 또는 발화 대상물에 대한 감정적, 평가적 태도를 표현하는 수단으로 기능한다. 다음에서 이 유형의 억양이 다양한 문체들에서 어떻게 실현되는지 볼 수 있다.

1. «Поехали!» - с **радостью** и **восторгом** произнёс Юрий Гагарин за секунду перед взлётом 12 апреля 1961 года. (신문 기사에서)
2. «- Нам денег не жалко, - **твёрдо** сказал один из молодых людей».
   «- У нас их нет, - **скорбно** добавил другой. Искренность интонаций ранила доброго старика». (Александр Вампилов의 단편 «Железнодорожная интермедия»에서)
3. «И губы его **горько** прошептали: О, небо плачет! Это небо плачет!» (고 은의 노역 시 «Небесный плач»에서)
4. « - Любишь жену? – спросил Воронов.
   «- Ну как же не любить? – сказал Васька **радостно** и **удивлённо**. – Вы же видели, какая она!...» (Юрий Нагибин의 단편소설 «Молодожён»에서)
5. Валентина (**с презрением**, **не оборачиваясь**):
   Ко мне больше не подходи ... Уезжай отсюда ...
   (Александр Вампилов의 희곡 «Прошлым летом в Чулимске»에서)

위 예들에서 볼 수 있듯이, 기쁨에서 경멸까지의 다양한 감정이 각각 다양한 억양의 도움으로 표현된다. 이렇게 폭넓은 억양 구성 영역을 가지는 것이 일상 대화체 구어의 특징이다. 실무적 발화나 학술적 발화에는 이러한 표현적, 평가적 뉘앙스의 억양 사용이 극히 제한되며, 논리적 유형의 억양이 지배적으로 사용된다. 이 영역에서의 의사소통 목적이 무엇보다도 정보 교환에 있기 때문이다. 실무적 의사소통에서는 부정적인 감정 표현은 배제되어야 하며, 긍정적인 평가도 중립적인 억양으로 표현되어야 한다. 다음은 신입사원을 소개하는 텍스트이다.

Представляю вам нашего нового коллегу. Выпускник экономического факультета Московского государственного университета, обладатель красного диплома и победитель нескольких математических конкурсов – Андрей Цицинский.

실무적 문체의 이 텍스트에서 평가는 배제되어 있으며, 단지 인적사항 만이 간결하게 제시되고 있다. 이 텍스트는 중립적인 발음 스타일을 사용하여 고르고 안정된 속도로 발음하여야 한다.

러시아어 구어에서의 감정 표현적 억양의 변이형의 수는 아주 많다. 예를 들어, 인칭대명사 ты는 143가지의 다양한 변이형으로 발성될 수 있다.[17]

[17] В.А. Артёмов, Психология обучения иностранным языкам.- М., 1966. – с.189-190 참조

러시아어 발화의 음성 조화 4.

4.1. 음성 조화와 부조화의 개념

이미 고대에 아리스토텔레스는 “쓰여진 것은 반드시 쉽게 읽혀질 수 있고 쉽게 발음될 수 있어야 한다.”고 말한 바 있다.[18]

고대 그리스어 단어인 euphonia는 ‘좋다’는 뜻의 eu와 ‘음성’이라는 뜻의 phone이 합쳐져 형성된 단어로 음성 결합체의 듣기 좋고 말하기 편리한 속성을 의미한다.

그런 속성을 의미하는 러시아어 용어 **благозвучие**도 그리스어 조어 구조에 따라 хорошо와 같은 의미의 благо와 звучать로부터 파생된 звучание가 합쳐져 형성되었다. 그것의 반의어는 각각 kakophonia와 **неблагозвучие**이다.

러시아에서 잘 알려진 문체론 교재의 저자인 골룹(Голуб И.Б.)은 다음과 같이 쓰고 있다. “각 민족의 언어는 그 민족 구성원에게 가장 편리한 나름대로의 음성 체계를 갖추고 있다. 예를 들어, 러시아인에게는 푸슈킨의 문구인 «У лукоморья дуб зелёный...»가 조화롭게 들린다. 여기에는 발음하기 어려운 음성 결합이 없으며, 짧은 단어들이 긴 단어들과 교체되며, 억양도 조화롭고 유연하다. 그러나 예를 들어 «Вдруг взгрустнулось другу: вскоре снова встретит он врага»는 조화롭게 들리지 않는다. 조화롭지 않은 음성 결합 вдр, взгр, вск, встр 등이 그

18 Античные теории языка и стиля (антология текстов) – Санкт-Петербург, 1996. – С.180.

발음을 어렵게 만든다. [у], [в], [р] 등의 음성이 불필요하게 반복되고 있으며, [д], [т], [з], [с]와 같은 유사 음성도 발음을 어렵고 부자연스럽게 만든다. 그리고 전환을 위해 첫 번째 절에 이어 배치된 휴지부는 발화의 유연성을 깨뜨린다."[19]

4.2. 발화의 음성조화를 위한 방법들

이제 러시아어 원어민의 입장과 언어학적 입장에서 어떤 것이 러시아어 발화의 음성조화 달성을 위한 특징적인 방법인지 살펴보자. 그 방법에는 다음과 같은 몇 가지가 있다.

4.2.1. 단어 내 자음과 모음의 교체

단어 앞과 중간 부분에서의 교체의 예들 가운데 하나가 되는 것이 마찰음+공명음 결합구조와 같이 음절의 공명도 증가 원리에 따라 구성된 2중, 3중 자음 결합이다.

예: -**др**ама, **сл**оварь, **см**ена, **вн**ук, на**правл**ение, пере**см**отреть, ру**чн**ой
-**стр**ела, **спл**ясать, **взм**орье, **взн**ос

다음 예에서처럼, 이런 일반적인 순서가 어긋나거나 4개 이상의 자음들이 이어지는 경우 조화롭지 않게 들린다.

예: **всп**отеть, **вскл**окочить, о**тмщ**ение

자음군이 그와 같은 결합구조는 주로 차용어나 외국인의 인명, 또는 외국 지명에서 볼 수 있다.

---

[19] И.Б. Голуб, Стилистика русского языка.- М.: Рольф; Айрис-пресс, 1997. – с.156.

예: ги**нкг**о (나무 이름), ки**мчх**и (한국 음식)
Бра**ндт** (독일식 성), Чага**льчх**и(한국의 지명)

러시아어 음성학 공부를 통해 알고 있는 것처럼, 러시아어에서는 단어 내에 몇 개의 자음이 이어지는 경우, 모든 경우에 그런 것은 아니지만, 그 가운데 한 개의 자음이 발음되지 않는다. 다음 단어를 발음하는데 있어서의 묵음 현상은 이미 알고 있을 것이다.

здравствуйте – здра[ст]вуйте, счастливый – сча[сл']ивый,
честный - че[сн]ый, сердце – се[рц]е, солнце – со[нц]е.

이와 같은 경향은 위에 제시한 ги[нк]о, ки[мч]и, Бра[нт] 등의 차용어 발음에도 적용된다.

전치사 в, к, над, о, под, перед, пред, с의 변이형들인 во, ко, об, обо, подо, передо, пред, со 등도 발음의 부조화를 제거하는데 기여한다. 다음 예들은 혀가 제대로 돌지 않아 발음하기 어렵다.

예: в всех случаях/ иди к мне/ смеяться над мной/ оказаться под льдом/ встать перед мной/ с слезами на глазах

한편 рассказать о учительнице, говорить о аэробике와 같은 어구를 발음하는데도 어려움이 있는데, 그것은 이른바 모음연속(**зияние**) 현상, 즉 모음의 중첩으로 인한 것이다. 이러한 러시아어 음성 조화 현상은 몇몇 차용어들의 음성적 면모를 변화시키기도 했다. 그리스어에서 온 인명인 Иоанн과 Феодор가 Иван과 Фёдор로 변모되었으며, 프랑스어에서 온 단어인 бивуак은 현대 사전에서는 고어형으로 표기되고 있으며, бивак이 조화로운 형태로 정착 되었다.

4.2.2. 조음상 유사하거나 동일하며 발음이 어려운 음성이 반복되는 단어 사용 배제

다음은 조음상 유사하거나 동일한 자음이 중첩되어 발음하기 곤란한 발화의 예이다.

-Из соседнего помещения доносятся звуки, постепенно нараста**ю**щ**ие** и превра**щ**а**ю**щ**иеся в надоеда**ю**щ**ий **ш**ум, наплыва**ю**щ**ий со всех сторон на каждого находя**щ**егося в комнате.[20]

-Мы проехали мимо, **при**вычно по**при**ветствовав **про**давщицу;

-**Уж** пробил час, уж крест **уже** сколочен...

-**Уж**ели как разбойник я умру?

이와 같이 문체적으로 바람직하지 못한 현상에 대해서 고리키도 여러 차례 말한 바 있다. 다음은 고리키가 단편소설 «На ярмарке»(1911 г.)의 저자 트레뇨프에게 보낸 편지의 일부이다.

"내가 당신의 소설이 투박하고 따분하게 쓰여졌다고 말한다고 해서 모욕감을 느끼지 않기를 바랍니다. 앞부분의 약 20 단어 정도는 따분한 감정을 불러일으키기에 충분하며, 따분함을 느끼지 않을 수 없었습니다. 한번 보세요, св, с, сл, се, ще, ща, че 등 얼마나 많은 스음과 쉬음 음절들이 있는지. 그리고는 바로 от, от, ог, од 등 거의 유사하게 들리는 음성들이 4번이나 이어집니다. 그리고 음절 결합에도 전혀 주의하지 않았습니다. «вшихся», «вшимися»가 너무 자주 나옵니다. 이 «вши»나 «щи», 그리고 다른 스음, 쉬음 음절들을 조금 다듬어 내든가 아니면 가능한 한 사용하지 말아야 합니다."[21]

그에 앞서 안톤 체홉도 한 서신에서 " «Очерки санитарной статистики»라는 논문 제목이 좀 긴 듯하며, с음과 т음이 너무 많아 음성적으로도 다소 조화롭지 못합니다."라고 쓴 적이 있다.[22]

---

20 А.Н. Беззубов, Введение в литературное редактирование.에서 발췌

21 М. Горький, Собр. Соч. Т.29, с.206-207

22 А.П.Чехов, Письмо к П.И.Куркину//Полн. собр. соч. В 20 т. – 1944-1955, т.18, с.286

4.2.3. 짧은 단어와 긴 단어의 결합과 교체

짧은 단어와 긴 단어의 결합과 교체라는 음성적 조화에 대한 요구 조건이 지켜지지 않으면 어떤 결과가 발생할까?

문장을 단음절의 짧은 단어들로만 구성한다면, 단어들의 강세가 이어져 문장이 이른바 '토막 난' 소리들의 열이 된다. 그런 문장은 음성 구성상 마치 북소리 같은 것이 된다. 다음 예를 읽어 보면 그런 점을 느낄 수 있다.

예: Дед внёс стол в дом. Дом был пуст.

그리고 문장이 다음 예처럼 주로 다음절 단어들로 구성되었다면, 문장은 너무 단조로운 소리들의 열이 된다.

예: ...обладающие характерными и наиболее существенными признаками и характеристиками, присущими большинству представителей этого класса...

4.2.4. 미적으로 허용된 '아름다운' 음성들의 사용

러시아어에서 전통적으로 아름다운 음성들로 여기는 것은 '음악적인' 음성들인 모음과 공명음, 유성음이다. ш, щ, с 등의 쉬음과 스음은 미적이지 못한 음성으로 취급되며, защищающийся, скрежещущий, сосущий, трясущийся 등에서처럼 인접하게 배치된 경우에 특히 아름답지 못한 음성구조로 취급된다. 음성을 이렇게 조화로운 소리와 조화롭지 못한 소리로 나누는 것, 즉 음성들의 미적 평가에는 음성 지각 시의 주관성이 적지 않은 역할을 한다. 위에 언급했던 고리키는 вши, вша, вшу 등 쉬음 결합구조가 아름답지 못한 음성구조이므로 사용하지 않는 것이 좋다고 청년 작가들에게 권유하기도 했지만, 시인 마야콥스키는 시의 엄격한 음절-성조 법칙을 거부하기도 했으며, 많은 사람들이 날카롭고 험한 소리라고 여긴 р, ш, щ 음을 '좋은 음성들'이라고 부르기도 했다. 그러나 골룹(Голуб И.Б.)이 쓴 것처럼, 최근의 연구는 음성들의 감정적 색채가 동일 언어 사용자들에게 동일하게 지각된다는 점을 보여주고 있으므로, 러시아어를 학습하는 외국인들이 관심을 두어야 할 사항이다.

4.2.5. 바람직하지 않거나 비어적인 연상을 초래하는 음성 결합 또는 문장의 의미를 훼손하는 음성 결합을 초래하는 단어들의 사용 배제

위에서 언급한 바와 같이 우연적인 음성 결합에 의한 연상 작용 발생은 음성적 조화를 깨트리고 불협화음(**какофония**)을 발생시킨다. 불협화음에는 두 가지가 있다.

첫 번째는 한 언어 내적인 음성 결합으로 발생하는 **언어 내적 불협화음**이며, 두 번째는 언어 간 결합으로 발생하는 **언어 간 불협화음**이다.

4.3. 언어 내적 불협화음과 언어 간 불협화음

4.3.1. 언어 내적 불협화음

때때로 우연적인 음성 인접으로 앞 단어의 마지막 음성과 이어지는 단어의 첫 번째 음성 또는 두 개의 단어가 문장 의미를 왜곡시키는 새로운 음성 결합체를 형성하기도 한다. 예를 들어, 러시아 음유시인들이 자주 부르는 잘 알려진 노래에 плывут вдоль бережка реки...라는 구절이 있다. 그런데 노래를 들을 때 бережка와 реки 두 단어가 결합되어 бережкарики라는 이상한 단어로 들리게 된다. 실제로 이 노래를 들은 청중들이 도대체 бережкарики가 무엇인지 여러 차례 질문한 적이 있다.[23]

비어적 결합을 초래하는 것으로서 просрочивать, ксерокопировать 대신 일상어에서 자주 접할 수 있는 просрачивать, ксерить를 들 수 있다. 이 경우 불미스런 연상 의미 발생이 초래되는 것은 이 단어들이

---

[23] 러시아어에는 이런 단어가 없다.

배변을 의미하는 속어 동사들을 연상시키기 때문이다. 소비에트 시절 공훈 문화일꾼을 지시하던 축약어 Зас**Ра**Ку(**зас**луженный **ра**ботник **ку**льтуры)도 동일한 결과를 보여준다. 다음과 같은 일련의 축약어도 조화롭지 못한 음성결합으로 불미스런 의미를 연상시킨다.[24]

СРЯ (современный русский язык),
ГУНО (Государственное управление народного образования),
ДУР (Департамент уголовного розыска),
КАЛ (Контрольно-аналитическая лаборатория)

이와 같이 한 언어 내에서 발생하는 현상을 **언어 내적 불협화음**이라 한다.

4.3.2. 언어 간 불협화음

이것은 한 언어의 특정 단어의 음성적 면모가 다른 언어에서 불미스런 의미의 단어를 연상시키는 경우에 발생한다. 가장 자주 인용되는 예가 영어의 Who is who?인데, 이것은 러시아어 사용자들에게 가장 심한 러시아어 욕설 가운데 하나를 연상시킨다. 다음 예의 러시아어 단어들도 한국어 사용자들에게 좋지 않은 단어를 연상 시킬 수 있다.

예: спасибо, зажигалка, дядя, спички, баба 등

반면 [йо]로 시작되는 다음 예의 한국어 단어들은 러시아어 사용자들에게 좋지 않은 단어를 연상시킬 수 있다.

예: 여보세요[йобосэйо], 여보[йобо], 옆[йоп] 등

외국어로서의 러시아어 교수법 전공자들은 스페인 학생들에게는 моряк이라는 단어를, 중국 학생들에게는 тамада라는 단어를 사용하지 않는

[24] 이렇게 조화롭지 못하게 형성된 축약어들의 대부분은 1991년 이후에 나타났다.

것이 좋다는 것을 배운다. 언어 간 불협화음 현상은 언어 간 동음이의 현상에서 발생하며, 때로는 공식-실무적 의사소통 영역에서 의사교환의 실패를 초래할 수도 있다. 러시아의 자동차 모델명인 «Жигули»도 서구 시장에는 부적합한 음성결합이었다. 그것은 이 단어가 이탈리아어의 gigolo(남자 첩)를 연상시키기 때문이다. 따라서 그것을 고대 러시아 여성의 이름인 «Лада»로 개칭한 것이다. 러시아에서 자주 광고되는 아동 식품의 영어 명칭 «Blue water»도 바람직하지 못한 음성결합인데, 그것은 러시아어 비어인 «блевота»(많은 양의 구토)를 연상시키기 때문이다.

이상 러시아어 발화 시에 요구되는 조화로운 음성결합에 대해 살펴보았다. 위에 제시한 사항들을 바탕으로 텍스트를 구성한다면, 음성결합 시에 발생할 수 있는 다양한 부작용을 줄여 러시아어 원어민들이 큰 반감 없이 알아들을 수 있도록 발화하는데 도움이 될 것이다.

음향 표현법 5.

앞에서 살펴 본 음성 조화의 다음 단계로, 보다 명시적인 형상적 표현을 목적으로 음성을 사용하는 음향 표현법(**звукопись**)이 있다. 이것은 보다 생생하게 형상을 전달하기 위해 인위적으로 음성들을 조합하는 기법으로, 주로 **음성 반복**의 방법으로 실현된다. 음향 표현법에는 **두운법(аллитерация), 유사 모음 반복법(ассонанс), 의성법(звукоподражание)**이 있다.

5.1. 두운법(Аллитерация)

두운법은 시 등 운율이 필요한 텍스트에 음성, 억양 측면에서 특별한 음감을 부여하기 위해 동일한 자음 또는 동종의 자음을 균형적으로 반복 사용하는 기법이다.[25]

러시아 시문학에서는 18세기 이래로 두운법이 사용되고 있으며, 트레디야콥스키와 로모노소프가 새로운 운율의 기반을 마련하였다. 시인들은 특정한 의미 형성 수단으로 이 기법을 사용한다. 아래에 몇 가지 예를 보자.

다음은 블라디미르 비소츠키의 시 «Спасите наши души»인데,

---

[25] Культура русской речи: Энциклопедический словарь-справочник, с.29 참조

여기서는 с, ш, ж 음의 단어들이 연결되어 심해로 가라앉고 있는 잠수함 격실 내의 공포스런 죽음의 분위기를 그려주고 있다.

> Спасите наши души!
> Мы бредим от удушья.
> Спасите наши души!
> Спешите к нам!
> Услышьте нас на суше –
> Наш SOS всё глуше, глуше, -
> И ужас режет души
> Напополам...

다음은 예세닌의 시의 일부로, 여기서는 음성 с가 щ, ш, ж 음과 결합되어 휘몰아치는 겨울 바람의 날카로운 소리를 전달하고 있다.

> –Свищет ветер, серебряный ветер
> В шёлковом шелесте снежного шума...

다음 시에서 니콜라이 루브쪼프도 음성 с를 반복적으로 사용하고 있다. 이 시를 길게 늘여 부드럽게 읽으면, 화려한 색깔로 불타올랐던 가을이 저물어 가는 시기의 우수 어린 정취를 느낄 수 있다.

> Грустно, грустно последние листья,
> Не играя уже, не горя,
> Под гнетущей погаснувшей высью,
> Над заслеженной грязью и слизью
> Осыпались в конце октября.

두운법의 효과가 가장 강하게 나타나는 위치는 단어의 첫머리이다. 유명한 20세기 러시아 시인 벨리미르 흘레브니코프는 "단어의 첫 음은 나머지 음에 영향을 준다. 동일한 자음으로 시작되는 단어들은 마치 떨어지는 별무리와 같이 공통의 방향을 가진다."고 했다.[26]

5.2. 유사 모음 반복법(Ассонанс)

유사 모음 반복법은 텍스트의 음성, 억양 상의 표현력을 강화시키기 위해 동일한 또는 동종의 **모음**을 대칭적으로 반복하는 기법이다.

러시아의 많은 속담과 격언들이 바로 이 유사 모음 반복법을 기반으로 형성되었다. 다음은 초급 러시아어 교재에 자주 제시되는 예들이다.

예: - Без труда не вытащишь и рыбку из пруда.
- Нет друга – ищи, а нашёл – береги.
- На вкус и цвет товарища нет.

유사 모음 반복법은 러시아 민요에서도 자주 사용된다.

Ах вы сени мои сени,
Сени новые мои,
Сени новые кленовые,
Решетчатые...

Ах, утушка моя луговая,
Молодушка моя молодая,
Ой, люли, люли, люли, люли, молодая.
Ой, люли, люли, люли, люли, молодая.

유사 모음 반복법은 두음법과 더불어 러시아 시학에서 묘사되는 현상과 사건의 생생한 음감을 전달하기 위해 활발히 사용되고 있다.

다음 네크라소프 시의 두 구절에는 모음 y가 일곱 번이나 사용되고

---

[26] В. Хлебников, Творения.-М.,1986.- С.628. 참조

있다. у-у-у의 반복으로 마치 달려가는 기차의 단조로운 소리가 들리는 듯 하다.

> Быстро лечу я по рельсам чугунным,
> Думаю думу сво[йу].

다음은 푸슈킨의 시 «Ночной зефир»의 앞부분이다. 여기서는 р, т를 사용한 두운법과 모음 и의 반복으로 형성된 절들이 바람 소리(зефир)와 빠르게 흐르는 강물(Гвадалквивир) 소리로 가득한 스페인의 밤 풍경을 그려주고 있다.

> Ночной зефир
> Струит эфир.
> Шумит
> Бежит
> Гвадалквивир.

5.3. 의성법(Звукоподражание)

의성법은 단어의 음성 구조와 해당 단어 피지시물의 명칭에 내재하는 음성적 속성 간의 음성적으로 동기화된 연관성을 사용하는 기법을 말한다.[27] 달리 말하자면, 의성법은 물적 세계의 현상과 사물의 음성적 형상을 모사하는 단어들을 사용하는 기법이다. 예를 들면, 음성 р는 천둥소리를, 음성 с는 바람 소리나 좁은 구멍을 통과하는 증기 소리를, 음성 ш는 둔한 소음을 연상시킨다.

다른 언어에서와 마찬가지로, 러시아어에도 동물이 내는 소리를 지시하는 단어가 많이 있다. 예를 들어, 소 울음 소리는 му-му, 개 짖는

---

[27] Культура русской речи: энциклопедический словарь-справочник, с.198. 참조

소리는 гав-гав, 수탉이 우는 소리는 ку-ка-ре-ку, 개구리 울음소리는 ква-ква로 표시된다. 한국어의 음매, 멍멍, 꼬끼오, 개굴개굴 등과 비교해보기 바란다.

주변 세계의 소리를 전달하는 단어나 사람의 비 발화적 음성을 전달하는 단어 그룹도 있다.

예: буль-буль (액체가 움직이는 소리), топ-топ (사람의 발걸음 소리), пиф-паф (총소리), плюх (무언가 물에 빠지는 소리), ха-ха-ха (웃음소리), апчхи (재채기 소리), чмок (입맞춤 소리)

이런 단어를 의성어**(ономатоп)**라고 하며, 이런 현상을 단어조성이라는 의미의 그리스어 단어에서 차용된 **ономатопея (звукоподражание ; 의성(擬聲))**라고 한다. 의성어에는 ахать, грохотать, кудахтать, рявкать, шуршать 등의 동사와 нытьё, рокот, стук, трель, трескотня, шёпот 등의 명사를 포함한 많은 단어들이 있다.

의성어들은 그 형상성으로 인해 시와 산문에 많이 사용되며, 작가들은 그것들을 통해 자연을 포함한 실재 세계를 명확히 형상적으로 기술한다. 예를 들어, 19세기 시인 튜트체프는 자신의 시 «Весенняя гроза»에서 첫 번째 천둥소리에 대한 인상을 그리고 있다. 여러분도 이 시를 통해 날카롭고 생생한 봄의 천둥소리를 느껴보기 바란다.

Люблю **гр**озу в начале мая,
Когда весенний первый **гр**ом,
Как бы **р**езвяся и **игр**ая,
Грохочет в небе голубом,
Гремят **р**аскаты молодые...

러시아의 자연을 노래한 서정 시인으로 유명한 페트의 시에서는 숲, 물, 꽃, 새들의 소리를 들을 수 있다. 다음은 고요한 밤 호수를 묘사한 그의 시 구절이다.

> Как тихо ... Каждый звук и шорох слышу я,
> Но звуки тишины ночной не прерывают ...

다음은 또 다른 저명한 시인인 블로크의 시로 소리가 형상적으로 잘 묘사되어 있다.

> ... в широком чистом поле
> Хорошо, как в чудном сне,
> Там цветёт и клевер пышный,
> И невинный василёк,
> Вечно шелест лёгкий слышно...

대부분의 러시아 시인, 작가들은 창작 과정에서 음성적인 수단을 세심하게 선택하여 사용한다. 이에 관해 푸슈킨과 레르몬토프 시 연구가인 골룹(Голуб И.Б.)의 글을 일부 소개한다.

"푸슈킨의 초벌 원고들을 살펴보면, 그가 작품의 음성적 측면에 점차 더 큰 주의를 기울여가는 것을 알 수 있다. 그는 시가 원하는 정도의 색채를 띠게 될 때까지 지속적으로 필요한 단어들을 탐색하며 수정해 갔다." '예브네니 오네긴'의 초벌 원고 일부의 수정과정을 살펴보자.

- 최초 텍스트: Любви печальную тревогу/ я слишком, может быть, узнал;
- 1차 수정본: Любви печальную тревогу/ я слишком долго испытал;
- 초벌 원고 수정 정서본: Любви безумную тревогу/ я слишком сильно испытал;
- 최종 출판본: Любви безумную тревогу/ я безотрадно испытал.

푸슈킨이 선택한 단어 безотрадно는 의미상으로 가장 적합할 뿐 아니라, 앞 절의 기본적인 음성구조를 반복하고 있어 음성적인 면에서도 극히 강한 표현력을 가진다. 이처럼 푸슈킨은 사고를 보다 명확하게 음성적으로 표현하기 위해 부단히 노력했다.

Незримый (И тайный)[28] хранитель могущему дан;
И горек был небратский (холодный) их привет;
Услышишь суд глупца и смех толпы холодной (черни смех холодный);
Сквозь волнистые (печальные) туманы пробирается луна;
Ты им доволен ли, взыскательный художник [И ты доволен им, божественный (увенчанный, разборчивый, взыскательный) художник];
Морозной (И снежной) пылью серебрится его бобровый (соболий) воротник.

그는 단어를 조화롭게 배열한 뒤에는 시어 각각의 음성을 중시했다. 그것은 단어의 위치를 바꾼다거나 동의어로 교체하면 음성 구조가 깨지게 되며, 각 절에 대한 선택적 수정은 음향 표현을 파괴시킨다고 생각했기 때문이다.

푸슈킨의 초벌 원고는 타티야나라는 이름의 음성 형상에 대한 작업도 반영하고 있다. 최초에 여주인공의 이름은 나타샤였다. 이 이름은 다음 문맥에서 사용되었다.

Я новый карандаш беру,
Чтоб описать ее сестру…
Ее сестра звалась Наташа.
Мы нынче именем таким
Страницы нашего романа,
Не устрашаясь, освятим.

그 후 초벌 원고에 타티야나라는 이름이 등장하지만, 주변의 음성적 배경은 동일하게 유지된다. 수정 정서본에서야 다음과 같이 수정된다.

Позвольте мне, читатель мой. (займусь я старшею сестрой, занять вас старшею сестрой).

---

[28] 괄호 내에 제시된 것은 초벌 원고 상의 최초 형태이다.

그리고 최종 인쇄본에는 다음과 같이 제시된다.

Позвольте мне, читатель мой,
Заняться старшею сестрой.
Ее сестра звалась Татьяна…

이 원고들을 비교해보면, 최초 원고들에는 자음 **н - т - ш**가 반복되다가 최종본에서는 **н-т - т-н**을 사용한 두음법이 적용되었음을 볼 수 있다.

레르몬토프도 공통적인 음성의 단어들을 세심하게 선택하여 사용했다.

Безумные б звуки (И песни и звуки) в груди подавила;
Слова разлуки (надежды) повторяя,
Полна надежд (Чужда тоски) душа твоя.

이처럼 작가의 초벌 원고를 분석해보면, 러시아 작가들이 어떻게 내용에 대한 작업과 사고의 음성적 표현에 대한 작업을 결합시켰는가를 알 수 있다.[29]

러시아어로 텍스트를 구성할 때, 특히 연설을 하거나 말로 전달할 필요가 있는 텍스트를 구성할 때는 본 장에서 제시한 음성 구조에 대한 여러 가지 규칙 및 주의사항에 기반하여 음성 구조를 형성하도록 해야 한다.

<본 장의 내용과 관련된 참고 문헌>

1. Васильева А.Н. Практическая стилистика русского языка для иностранных студентов-филологов старших курсов.М., 1989.
2. Журавлёв А.П. Звук и смысл.М., 1981.
3. Лотман Ю.М. Анализ поэтического текста.Л., 1972.

---

[29] И.Б. Голуб, Стилистика русского языка». – М.: Айрис-пресс, 1998. – 444 с.

제 2 장
발화 계발론

1. 발화 계발론이란 무엇인가?

본 교재의 첫 부분에서 '문화'라는 단어가 고대에는 땅을 개간하고 작물을 재배하는 것을 의미했다는 점을 언급했었다. 그 후 시간이 지남에 따라 이 단어의 의미가 변하였고, 18세기 들어 '문화'라는 단어는 인류의 진보 과정 전반을 의미하게 되었다.

러시아어에 'культура'라는 단어가 등장한 것은 1830년대 중반부터이다. 1861년에 출판된 블라디미르 달(Владимир Даль)의 해석사전에는 'культура'의 의미가 토지를 개간하는 것 이외에 정신적, 도덕적 계발도 의미하는 것으로 제시되어 있다.

오늘날 이 단어는 다양한 의미를 가진다. 오제고프 사전에는 '그 무엇의 높은 수준, 높은 발전 수준, 능력'이라는 의미가 제시되어 있으며, 같은 항목 내에 'культура речи'라는 용례가 제시되고 있다. 이처럼 'культура речи'는 발화의 높은 발달 수준, 발화 구사 능력으로 이해할 수 있다.

러시아에서 최근 출판된 «Культура русской речи»[30] 라는 백과사전에서는 발화 계발(론)을 다음 두 가지 의미로 정의하고 있다.

1) 발화 계발은 구어와 문어 형태의 문학어 규범 사용 계발로, 그 범위 내에서 특정 상황에서의 의사소통이 가능하게 해주는 언어적 수단의 선택과

[30] Культура русской речи: Энциклопедический словарь-справочник/Под ред. Л.Ю.Иванова, А.П.Сковородникова, Е.Н.Ширяева и др.-М.: Флинта:Наука, 2003. – 840с.

구성이 실현되며, 의사소통의 윤리 규범을 따르면서 설정한 목표를 가장 효율적으로 달성할 수 있게 된다.

2) 발화 계발(론)은 발화의 정상화 문제를 다루는 언어학의 한 분야로서, 언어를 적절하게 사용하는 방법들을 개발하여 제안한다.

이처럼 러시아어를 적절하게 잘 사용하고 그것을 통해 의사소통의 특정 목적을 달성하는 것, 즉 대화 상대자가 올바르게 이해할 수 있도록 **정확하게** 전달, 설명, 질문, 비교, 대조, 서술하는 것은 곧 의사소통면에서 발화의 가장 중요한 척도가 되는 **정확성**을 확보한다는 것을 의미한다. 오제고프에 따르면, 현대 문학어 규범이 잘 준수된 발화가 올바른 발화가 된다.[31] 바로 그런 발화 문화의 **규범적 측면**이 본 교재에서 가장 중점을 두는 부분이다.

이제 **발화 계발의 중심 개념인 규범**이 무엇인가 간단히 살펴보자.

발화 문화 교재들에서 가장 자주 인용되는 규범에 대한 정의는 세르게이 오제고프가 1955년 학술지 «Вопросы культуры речи»에 게재한 논문에서 제시했던 것이다. 그가 제시한 다음과 같은 정의가 여러 학자들이 제시한 규범에 대한 정의들 가운데 가장 포괄적이며 널리 알려져 있다.[32]

"**규범** – 이것은 사회에 기여하는 가장 유용한(올바른, 선호되는) 언어적 수단들의 총체이다. 이 언어적 수단은 언어 요소(어휘, 발음, 형태, 통사적인)의 취사선택의 결과로 구성되며, 이 언어 요소는 공존 또는 현존하는 것, 새로 형성된 것, 또는 폭넓은 의미에서의 언어적 요소에 대한 사회적 평가 과정에서 과거의 수동적 재료로부터 추출된 것이다."

이 정의에서 볼 수 있듯이, 당해 사회 내에 공존하는 모든 수단 가

---

31 С.И. Ожегов, Очередные вопросы культуры речи//Вопросы культуры речи.Вып.1.-М.,1955.

32 Там же.

운데에서 사회적으로 가장 올바른 것으로 선택되고 규칙적으로 사용하도록 제안된 언어적 수단들만이 규범적인 것이 될 수 있다.

'발화 계발' 분야에서 널리 알려져 있고 가장 자주 인용되는 규범에 대한 또 다른 정의가 로젠탈과 텔렌코바가 제시한 다음과 같은 정의이다.[33]

"**규범** – 이것은 모범적인 사용 현실에 공존, 고착된 것들 가운데 가장 널리 확산된, 자신의 기능을 가장 적합하게 수행하는 언어적 (발화) 변이형이다."

이 정의에는 '모범적 사용'과 '변이형'이라는 개념이 제시되고 있다. 즉, 언어 공동체 내에서 가장 교육수준이 높은 층이 실제 발화에 수용한, 모범적인 사례로 여기고 따라야 하는 언어적 수단이 규범 또는 규범적인 것으로 정의되고 있다. 이러한 규범은 보통 사회 발전의 현 단계에서 언어적 수단의 사용 형태를 규정하고 있는 사전 등 바른말 관련 서적에서 제시된다.

규범의 유형은 언어 구조와 문자 텍스트 구성 수단에 상응해서 다음과 같이 나누어진다.

- 정음 규범 (Орфоэпические нормы) - 발성, 강세, 억양규칙
- 어휘적 규범 (Лексические нормы)
- 문법적 규범 (Грамматические нормы) - 조어, 형태, 통사적 규칙
- 정자 규범 (Орфографические нормы)
- 정서 규범 (Пунктуационные нормы)

언어 체계의 실현 수단인 이 규범들을 **언어적 규범**이라 부른다. 본 장에서는 이들 가운데 러시아어의 **음성적 층위**와 연관된 언어적 규범들에 대해 자세히 살펴 보기로 하자.

---

[33] Д.Э. Розенталь, М. Теленкова, Словарь-справочник лингвистических терминов. М., Просвещение, 1976 - с.210.

2. 정음법(Орфоэпия)

2.1. 정음법의 개념

정음법(**Орфоэпия**)은 문자 그대로 '올바른 발음'에 관한 규범이다. 정음법이란 용어는 다음 두 가지 의미를 가진다.

- 문학어 발음의 단일 규범을 제시하는 **규칙들의 총체**
- 발음 및 발음의 근거와 규범을 제시하는 **학문 분야**

이 정의에서 볼 수 있듯이, 정음법의 적용 영역은 문학어이다. 즉, 교육을 받은 러시아어 원어민의 문자 및 구어 의사소통 과정에서 오랜 기간에 걸쳐 가공된 언어적 수단의 체계가 그 대상 영역이다. 문학어는 모든 러시아어 원어민을 통합시킨다. 그것은 발음에서 모든 단위들과 모든 기능 영역들이 규범의 지배를 받기 때문이며, 이에 따라 문학어가 모두에게 수용된 것이자 모두가 이해할 수 있는 것이 되기 때문이다. 따라서 러시아어를 배우고 사용하는 외국인들에게도 발음 규칙은 실제 의사소통 과정에서 주요한 역할을 수행한다.

러시아어 교육의 첫 번째 단계에서는 반드시 러시아어 발음의 기본 규칙들, 즉 러시아어 음성학의 기본을 소개한다. 여러분들도 아마 다음과 같은 기본 규칙들을 잘 기억하고 있을 것이다.

- 모음 [o]는 강세가 없는 경우 a에 가까운 [Λ] 또는 a와 ы의 중간적 음가인

[**ъ**]로 발음된다.

예: г[**о́**]ры – г[/\]ра́/ м[**о́**]лодость – м[**ъ**]лодо́й

- 연자음 뒤 철자 е, ё, а는 강세 아래에서는 각각 [е], [о], [а]로 발음되지만, 강세가 없는 위치에서는 [**и**ᵉ]로 발음된다.

예: м[е́]сто – м[**и**ᵉ]ста́, с[ё]стры – с[**и**ᵉ]стра́, ч[а́]с – ч[**и**ᵉ]сы́

- 어말에서 유성자음은 해당 무성자음으로 발음된다.

예: сне[г]а – сне[к], эта[ж]и- эта[ш]

- 유성자음은 무성자음 앞에서 해당 무성자음으로 발음된다.

예: зага[д]ать –зага[т]ка, спра[в]очное – спра[ф]ка

- 무성자음은 유성자음 앞에서 해당 유성자음으로 발음된다.

예: про[с]ьба - про[з]ьба, во[к]зал - во[г]зал

이런 규칙과 다른 몇 가지 현상이 러시아어의 음성 체계를 구성하는데, 그 기본 법칙에 대해서 여러분은 이미 알고 있을 것이다.

그런데 발음의 개념에는 러시아어 음성 체계로 규정되지 않는 현상도 포함된다. 예를 들어, 외래어 단어에서 모음 е 앞의 자음이 때로는 경자음(биз[нэ]с, [дэтэ]ктив 등)으로 때로는 연자음 (ши[н'е]ль, [т'е]рмометр)으로 발음된다. 그리고 러시아어 음성 체계는 скворе[чн]ик - скворе[шн]ик, коне[ч'н]о - коне[шн]о에서와 같이 [ч'н]과 [шн] 두 가지 자음 무리를 모두 허용하지만, 앞의 것만이 올바른 것으로 인정되고 있다.

위에 제시된 예에서 모음 [е] 앞의 경자음 발음과 연자음 발음, 자음 [н] 앞의 [ш] 또는 [ч] 발음은, 다시 한 번 강조하는데, 음성 체계의 조건에 따라 결정되는 것이 아니라 단어가 어떤 문체에 해당되는지 또는 어떤 활용 영역에 해당되는지에 따라 결정되는 것이다. 현대 러시아어 문학어 내에 현존하는 발음 변이형 가운데 올바른 것을 선택하는 기준을 제시하는 것이 바로 **정음법**이다.

2.2. 정음법 발생의 역사적인 측면

그렇다면 발음 규칙은 어떻게 생겨났을까?

발음 규칙은 러시아 문학어 발전 과정과 더불어 점진적으로 형성되었다. 발음 규칙의 가장 중요한 측면은 15-17세기 모스크바 방언을 바탕으로 형성되기 시작하였다. 당시 모스크바는 이미 로스토프-수즈달 루시의 중심지였다. 이곳에서 형성된 발음 규칙은 점차 다른 지역으로 확산되었고, 지방 방언과 상호작용하면서 고착되어 갔다.

18세기 초에는 페테르부르크가 러시아의 수도가 되었다. 모스크바 발음은 시간이 지남에 따라, 한편으로는 이른바 문어적 발음의 영향으로, 다른 한편으로는 북부 러시아 방언의 영향으로 어느 정도 변모해 갔다. 그 과정에서 페테르부르크 발음이 나타났다. 새로운 페테르부르크식 발음은 새로운 러시아어 발음 규범이 되지는 못했지만, 그 영향으로 몇 가지 발음 규칙의 변화가 발생했다.

이제 현대 러시아 문학어 내에 정착된 두 가지 발음 방법, 즉 모스크바식 발음과 페테르부르크식 발음의 특징에 대해 간단히 살펴보자.

2.2.1. 모스크바 발음

모스크바 발음의 최초 기반이 된 것은 동슬라브 크리비치족의 북부 러시아적 특성을 가진 발음이었다. 모스크바 사람들은 16세기까지 북부의 자음 발음 구조(가장 대표적인 것이 쪼까니예(цоканье), 예를 들어, [ч]истый를 [ц]истый로 발음)를 유지했을 뿐 아니라, 오까니예(оканье, 무강세 о를 약화시키지 않고 그대로 о로 발음)도 유지했다. 이반 뇌제와 당시 귀족들도 오까니예를 유지했던 것으로 보여진다. 한편, 남동부에서 이주한 모스크바 주민들 사이에서는 아까니예(аканье, 무강세 о를 약화시켜 а로 발음)가 확산되어 있었으며, 그들의 발음이 보다 강하게 확산되어 18세기 무렵에는 지배적인 것이 되었다. 이에 대해 북부 출신이었던 로모노소프는 1755년에 출판된 «Российская грамматика»에 다음과 같이 쓰고 있다. "모스크바 말은 수도의 말이라는 중요성 이외에도 그 아름다움으로 인해 선호된다. 특히 강세 없는 o를 a로 소리 내는 것이 훨씬 더 듣기 좋다. ...이 발음은 일상 대화에서 더 자주 사용되며, 책을 읽거나 잘 알려진 문구를 말할 때는 문자 그대로 정확히 발음하는 경향이 있다." 이처럼 18세기에 들어서 일상 구어의 발음 규칙과 책이나 시를 읽을 때의 발음 규칙이 병존하게 되었다.

그러다가 러시아어에 외국어적 요소들이 유입되면서(특히 18세기 이후) 모스크바 발음은 더욱 다양해지게 되었다. 이에 따라 문자 **е**와 **ѣ**의 음가 차이, 문자 г의 [г] 발음과 [γ][34] 발음 등 발음 문제에 관한 격한 논란이 있기도 했다.

이러한 논란에 대해 로모노소프는 모든 단어에 **г**가 포함된 "Бугристы берега..."라는 시를 썼으며, 독자들에게 어떤 것이 [г]로 발음되어야 하고 어떤 것이 [γ]로 발음되어야 하는지 말해 보라고 묻기도 했다.

19세기 들어 러시아 문학어의 발음 규칙은 모스크바에서 사용되는 말에 상응하게 고착되었으며, 아까니예, 연자음과 경자음 사이 강세 모음 **ѣ**를 **е**로 발음, **г**를 파열음으로 발음하는 등 일련의 특징을 포함하였다. 19세기 말 모스크바 발음에서는 '옛 모스크바 발음'이라고 불리는 몇 가지 규칙들이 모범적인 것이 되었다. 예를 들면, пе[р']вый, четве[р']г, ве[р']х 등처럼 р를 연자음으로 발음하였으며, 재귀 접미사 -сь, -ся를 표기형태에도 불구하고 동사 과거 시제형과 명령형에서 경자음 с로 발음하였다. (예: договорилась를 договорила[с]로, садитесь를 садите[с]로 발음)

19세기 후반부터 현재까지 모스크바 발음은 많은 변화를 겪었지만, 기본적인 특성은 그대로 유지되었다. **현대 모스크바 발음**은 다음과 같은 특징을 가진다.

---

34 마찰음 [г]

- **жж, зж, жд**를 **부드럽고 길게** [ж':]로 발음한다. (дрожжи, езжу, дождя)
- **сч**를 **부드럽고 길게** [щ':]로 발음한다. (**сч**астье, **сч**ёт)
- 부드럽고 짧은 [ш'], [ж'] 발음은 Жюри와 같은 외래어나 Шюн(일본 또는 독일 성), Жюль(프랑스인 인명)과 같은 고유명사에서만 가능하다.
- 문자 **г**를 파열음 [γ]로 발음하는 것은 몇 개의 교회 용어(господи, бога)에서만 허용되며, 유사한 음성적 위치의 다른 단어에서는 허용되지 않는다. (예: богадельня, благополучный, благоприятный) 파열음 [γ]는 자음 х의 위치적 유성음화의 경우(их бы [и γ бы])나 특정 단어(бухгалтерия - [буγалтерия])에서 나타나기도 한다.
- **к, г, х**의 연자음 발음은 모음 **и, е** (руки, руке) 앞에서만 가능하며, 모음 **а, о, у** 앞에서의 연자음 발음은 외래어(гяур, ликёр, кювет)에서만 나타난다.
- **чн**은 [шн](скучный - ску́[шн]ный, коне́чно - коне́[шн]о; бу́лочная - бу́ло[шн]ая, подсве́чник - подсве́[шн]ик)으로도 발음되고 [чн](беспе́чность - беспе́[чн]ность, быстроте́чный -быстроте́[чн]ный, коне́чный - коне́[чн]ный)으로도 발음된다. 앞의 발음은 현재 옛날식 발음이 되어가고 있으며, 모스크바가 고향인 사람들에게서 들을 수 있다.
- **щн**은 [шн]이 아닌 [щ':н]으로 발음한다. (мощность, помощник)
- темп, котте́дж, те́рция, декольте́ 등의 외래어와 Делакруа́, Ри́хтер 등의 고유명사에서는 [е] 앞의 т, д를 경자음으로 발음하며, 러시아어화된 термо́метр, текст, те́ма, акаде́мия, дека́да 등의 단어에서는 [е] 앞의 т, д를 연자음 [т'], [д']로 발음한다.
- 동사 재귀형의 발음에서는 무대 공연 발음인 경자음 [с] 발음과 일상 대화용 발음인 연자음 [с'] 발음이 공존한다. 이 현상은 이미 푸슈킨 시대에 시작되었다. (слушаюсь - слушаю[с]와 слушаю[с'], соглашаюсь - соглашаю[с]와 соглашаю[с'])
- 접속사 что와 чтобы에서 т 앞의 ч는 [ш]로 발음한다. ([што], [што]бы)
- 모스크바 발음에서 모음 발음의 기본적인 특성은 아까니예(аканье)에 있다. 즉, 무강세 위치의 모음 а, о는 차이가 없는 동일한 음가로 발음한다. 앞에서 제시한 것처럼, 그러한 음가를 [Λ] 또는 [ъ]로 표기하며(доро́га –

[д/\ро́гъ], магази́н – [мъг/\зи́н]), 이들은 길이와 강도 면에서 강세 음절과 극명한 대조를 이룬다.

2.2.2. 페테르부르크 발음

페테르부르크 발음은 다음과 같은 정음법적 특징을 가진다.

- 강세 바로 앞 음절 연자음 뒤의 정자법 표기상의 모음 **а, я, е**는 [**и**[е]] 대신 무강세 모음 [е]로 발음한다.
  (ч**а**сы́ - ч[**е**]сы́, м**я**сно́й - м[**е**]сно́й, р**е**ка́ - р[**е**]ка́)
- 강세 뒤 개음절과 폐쇄 음절의 정자법 표기상의 모음 **а**, **я**, **е**는 [ь] 대신 무강세 모음 [е]로 발음한다.
  (мо́р**е** - мо́р[**е**], пла́ч**е**т – пла́ч[**е**]т)
- 2식 변화동사 3인칭 복수형 강세 음절 이후의 굴절 어미를 [ь] 대신 [а]로 발음한다.
  (옛 모스크바식 발음인 но[с'у]т와 달리 но[с'а]т로 발음)
- 강세 음절 이후의 폐쇄 음절에서 [у]의 원순음 특성을 반드시 유지한다.
  (челюсть - че́[л'у]сть)
- 일부 단어에서 쉬음 뒤 [о] 대신 강세 모음 [е]로 발음한다.
  (щёлка - щ[é]лка, жёлчь - ж[é]лчь, мешочек - меш[é]чек)
- громкий형의 형용사 남성 단수 주격형에서 자음 к를 모스크바식 발음 гром[**къ**]й와 달리 후설 연자음 гром[**к'**ий]로 발음한다.
- 어말 또는 [j] 앞에서 양순음을 경자음으로 발음하며(во́семь - во́се[**м**], попьём - по[**п**jó]м), 차용어에서는 모음 [е] 앞의 자음을 경자음으로 발음한다. (те́зис - т[**э́**]зис, се́ссия - с[**э́**]ссия)
- 동사 재귀 소사의 с는 경자음 발음이 허용되는 모스크바 발음(занимал[**с**а])과는 달리 연자음으로만 발음한다.
  (занимался - занимал[**с'**а])
- **чн**을 [**чн**]으로 발음한다.
  (бу́лочная - бу́ло[**чн**]ая, коне́чно - коне́[**чн**]о)
- 접속사 что, чтобы에서 т 앞의 ч를 [ч]로 발음한다.
  ([чт]о, [чт]обы)

- **щн**을 [**ш':н**]이 아닌 [**шн**]으로 발음한다.
  (помощник - помо[**шн**]ик, сущность - су[**шн**]ость)
- 단어 дождь를 до[**шт'**]로, дождя를 да[**жд'**]á로 발음한다.
- 단어 легка́의 **гк**를 [**хк**]가 아닌 [**кк**]로 발음한다. (ле[**кк**]á)
- 단어 отсюда의 자음 **с**를 경자음 [**с**]로 발음한다. (от[**су́**]да)
- 단어 если와 ещё에서 어두 모음 [е] 앞의 [j]를 발음하지 않는다. (если - [é]сли, ещё – [е]щё)
- 그리고 단어 ещё 발음 시에 **щ**를 [**шч**]로 발음한다. ([**ешч**]о)

학자들에 따르면, 지난 수십 년 간 러시아어 발음 규칙의 단일화 과정이 진행되었다. 현대 러시아어에 과거의 모스크바 발음과 페테르부르크 발음의 일부를 수용한 단일한 발음 규칙이 형성되어 왔다. 그리고 이 단일화 과정과 더불어 현재 러시아어 정음법 체계 내에서 일어나고 있는 여러 가지 현상들[35], 즉 문자 그대로 발음하는 경향의 강화, 외래어의 음성적 적응, 지방 방언적 발음 특색 소실 등의 현상은 러시아어 문학어 발전 방향의 특징을 보여준다.

2.2.3. 변이의 개념

문학어의 발전은 다양한 정음법적 변이형들의 발생과 연관된다. 발음은 점진적으로 변해간다. 20세기 초에는 а[н']гел, це[р']ковь, ве[р'х], пе[р']вый 등으로 발음했다. 물론 요즘에도 나이든 사람들의 말에서 그런 발음을 들을 수 있다. 20세기 초 문학어의 규범이었던 재귀소사 -ся(сь)의 경자음 발음(смеял[с]а, встетили[с])은 문학어에서 급격히 사라져 가고 있다. -кий, -гий, -хий 형 형용사들과 -кивать, -гивать, -хивать형 동사에서의 [г, к, х] 경자음 발음도 당시에는 규범적인 것이었다. 따라서 высо́кий, стро́гий, ве́тхий, вска́кивать, подпры́гивать, стря́хивать 등은 마치 высо́к<u>**о**</u>й, стро́г<u>**о**</u>й, ве́тх<u>**о**</u>й, вска́к<u>**о**</u>вать,

---

[35] 이에 관한 자세한 사항은 Н.С. Валгина, с.52-60. 참조

подпры́г**о**вать, стря́х**о**ватъ로 표기된 것처럼 발음되었다. 그 후 과거의 형태와 새로운 형태 두 가지(смеял[с]а와 смеял[с']я, стро[гъ]й와 стро[г']ий) 모두가 허용되는 방향으로 변화되었으며, 그 결과로 문학어 발음에는 구세대 발음과 신세대 발음이라는 두 가지 변이형이 공존하게 되었다. 따라서 요즘도 '구세대 규칙', '신세대 규칙'이라는 말을 들을 수 있다. 그 외에도, 위에 언급한 단일화 과정의 결과로, 공히 허용되는 변이형들이 공존하게 되었다. 예를 들어, 과거의 모스크바 발음 규칙에 따라 [ж']를 길게 연자음으로 발음하는 е[ж'ж']у, ви[ж'ж']ать, до[ж'ж']и 식의 발음이 올바른 문학어 발음으로 인정되고 있으며, [ж]를 길게 경자음으로 발음하는 페테르부르크식의 е[жж]у, ви[жж]ать 발음도 공히 허용되는 발음으로 취급되고 있다. (사전에서는 이런 경우 доп.라고 표시한다.) 또한 모스크바식 발음인 до[**ж'ж'**]и와 페테르부르크식 발음인 до[**жд**]и도 공히 올바른 발음으로 인정되고 있다.

우리가 앞의 제 1장에서 살펴보았던 поэзия의 발음은 발화 계발론의 범위 내에서는 п[**о**]э́зия도 п[Λ]э́зия도 공히 규칙에 부합하는 것으로 인정된다. 다만 이들 가운데 후자는 중립적 스타일, 일상 대화 스타일에 해당되며, 전자는 고급 스타일에 해당된다. 이처럼, 하나의 형태만을 올바른 것으로 제시하고 다른 변이형은 금지하고 있는 정자법 규칙과는 달리, 정음법 규칙은 변이형을 동등한 것으로 취급하거나, 그 중 하나를 보다 바람직한 것으로 그리고 나머지를 허용할만한 것으로 취급하기도 한다. 예를 들어, 현대 러시아어 발음 및 강세에 관한 사전[36]에서는 단어 декан의 경자음 [д] 발음과 연자음 [д'] 발음, 즉 [**дэ**]ка́н과 [**д'е**]ка́н 두 가지 발음을 공히 허용하고 있으며, 단어 манёвры의 발음도 ма[н'е]вры와 ма[н'о]вры 두 가지를 공히 허용한다.

한편 정음법의 주요 과제는 발음상의 오류를 방지함과 동시에 허용

---

36 К.С. Горбачевич, Словарь трудностей произношения и ударения в современном русском языке. –СПб., 2000.

되지 않는 변이적인 발음을 제어하는데 있다.

그렇다면 그런 올바르지 않은 변이형이 나타나는 이유는 어디에 있을까? 문학어 발음 규범에 어긋나는 올바르지 않은 발음이 나타나는 것은 첫째 **방언 발음의 영향**, 둘째 **속어와 은어의 영향**, 셋째 **문자의 영향** (즉, 문자 그대로 발음) 때문이다.

앞 장에서 이미 거대한 러시아 영토상에는 수 많은 방언들이 존재한다는 점을 말한바 있다. 러시아 북부지방 방언은 무강세 모음 o를 약화시키지 않는 오까니예(**Оканье**), 무강세 모음 а, я를 [е]로 발음하는 예까니예(**Еканье**)가 특징이며, 남부지방 방언은 무강세 모음 o를 약화시키는 아까니예(**Аканье**), 연자음 뒤 무강세 모음 е를 [ʼа]로 발음하는 야까니예(**Яканье**)가 주요 특징이라는 점도 소개하였다. 지방 방언들의 체계 내에서는 그러한 발음이 규범적인 것이며 해당 방언의 음성 법칙에 부합하는 것이다. 그러나 문학어 발음 체계 내에서는 방언의 영향으로 형성된 변이형들은 규범에 어긋나는 것으로 취급된다. 예를 들어, 바이칼 동부 시베리아 지방 주민들은 идёт를 [**идёт**ʼ]로, девушки를 де[**у**]ш[**т**]и로 발음하는데, 이는 문학어 규범에서는 허용되지 않는 발음이다.

속어와 은어의 영향으로 형성된 비규범적 발음은 종종 해당 발음 구사자가 문학어 발음 규범을 제대로 습득하지 못했다는 점을 말해준다. 물론 이것은 러시아어가 모국어인 사람들에게 해당되는 말이다. 그런 발음상의 실수를 하는 것은 외국인들이 문학어 발음 규범을 배울 기회가 없었거나 배우려 하지 않은 경우, 또는 의도적으로 비규범적 발음에 대한 자신의 지식을 과시하려는 경우에 볼 수 있다. 그러나 때로는 러시아어를 능숙하게 구사하는 외국인이 의도적으로 발음 규범을 어기는 경우, 언어유희[37]적 요소가 되기도 하는 발음 수단을 문체적으로 잘 사용하는 능력으로 평가되기도 한다.

---

[37] 언어유희(Языковая игра) – 재치 있는 말을 구성하기 위해 언어 단위들을 비표준적, 창의적으로 사용하는 것.

그러나 러시아어 정음법 규칙에 맞지 않는 발음은 종종 우스개 소리의 대상이 되기도 한다. 다음은 그런 예이다.

- - Вы москвичка?
  - Да. А шо? (Да. А что?)
  (шо는 대답한 사람이 우크라이나어 사용자라는 점을 드러낸다.)

문자의 영향에 따른 발음 오류는 다음과 같은 형태로 나타난다. 어떤 사람이 소리 내어 책을 읽다가 발음을 전혀 들어본 적이 없는 단어를 발견했다면, 그는 그 단어를 올바르지 않게 읽을 수 있으며, 문자 형태가 발음에 영향을 줄 수 있다. 다음의 발음은 표기형태의 영향으로 발생한 것이다.

예: **чувство** – чу[**ф**]ство (올바른 발음은 чу[**с**]тво)
что – [**ч**]то (올바른 발음은 [**ш**]то)
конечно – коне[**чн**]о (올바른 발음은 коне[**шн**]о)

러시아 문학어의 다른 규칙과 마찬가지로 정음법 규칙도 언어학적으로 보강되며, 문법서, 교재, 사전 등에 기술되어 규범으로 정착된다.

문학어 발음 규범이 기술되어 있는 사전을 정음법 사전(**орфоэпический словарь**)이라고 한다. 아바네소프와 오제고프가 편집하여 1955년에 출판한 «Русское литературное ударение и произношение. Опыт словаря-справочника»가 러시아 최초의 정음법 사전으로 취급된다. 그 후 지난 수십 년간 여러 가지 정음법 사전들이 출판되었다. 그 가운데 오늘날까지 규모가 가장 큰 정음법 사전은 아게옌코(Агеенко Ф.Л.)와 자르바(Зарва М.В.)가 편집하여 1993년에 출판한 76000단어의 «Словарь ударений русского языка»이다.

러시아어를 공부하는 외국인 학생들이 참고하기 편리한 정음법 사전으로는 고르바체비치(Горбачевич К.С)가 편집한 «Словарь трудностей произношения и ударения в современном русском языке»를 들 수

있다. 이 사전에는 전통 규범에 맞는 발음과 더불어 새롭게 규범적인 것으로 자리잡아 가는 발음 및 미래에 규범적인 발음의 위치를 획득하게 될 것으로 보이는 발음도 제시되어 있다. 그 외에 이 사전에서는 다양한 발음들에 대한 규범적 평가도 제시하고 있다. 이 사전에서 제시하는 평가 항목은 다음과 같다.

- ***допустимо* (또는 *доп.*)** : 이것은 해당 발음이 문학어 규범에 의해 허용되는 경우를 의미한다. 예: ма[дэ]ра и *допустимо* ма[д'э]ра; тво́рог и *допустимо* творо́г;
- ***не рекомендуется*** : 이것은 발음이 현 상태에서는 규범적인 것으로 인정되지 않고 있지만, 현재 전문분야를 포함하여 폭넓게 사용되고 있으며 러시아어 발전의 기본 경향에 부합하므로 향후 문학어의 규범적인 발음으로 인정될 가능성이 있는 경우이다.

  예: балова́ть и *не рекомендуется* ба́ловать; блю́да и *не рекомендуется* блюда́
- ***в просторечии*** : 이것은 저급한 발화 스타일을 지시하는데 사용되며, 규범적인 언어의 영역을 벗어난 단어들로서 발화에 저급한 또는 다소 거친 뉘앙스를 부가하는 경우이다.

  예: вскипятить и *в просторечии* скипятить; жизнь и *просторечное* жись
- ***неправильно*** : 이것은 널리 확산된 발화 오류를 지적하는데 사용된다.

  예: 올바른 발음인 договорённость 대신 догово́ренность로, инцидент 대신 инцинДент로 발음하는 경우
- ***устарелое*** : 이것은 해당 발음 또는 강세가 19세기와 20세기 초의 문학어에서는 널리 활용되었으나 현재는 옛날식 발음으로 취급되어 좀처럼 사용되지 않는 경우를 의미한다. 그러나 그런 발음과 강세는 특정 사회그룹의 전문적인 발화에서 지속적으로 유지되거나 예술 또는 언론 분야의 언어에서 특정한 문체적 수단으로 사용될 수 있다.

  예: библиоте́ка и *устарелое* библио́тека

• ***устаревающее*** : 이것은 아직은 옛날식 발음이나 강세로 취급되지는 않지만, 현재의 발화에서 점차 드물게 사용되어 수동적인 언어 재료가 되어가는 경우를 의미한다.

예: молочный и *устаревающее* молошный; зама́нит и *устаревающее* замани́т

위에 제시한 평가 항목들에 더하여 위 사전에서는 다양한 주석, 즉 시어, 민중시어, 일상어, 전문분야 언어, 교회 언어, 선원 언어, 광부 언어, 의료인 언어 등 어떤 분야에 해당하는 발음인가에 대한 주석도 제공하고 있다.

예: добы́ча - до́быча (광부들의 언어), дья́кон - диа́кон (교회 언어), алкого́ль - а́лкоголь (의료인 언어), ко́мпас - компа́с (선원 언어), осуждённый - осу́жденный (법률가 언어)

그런데 언어학자들은 무엇을 근거로 어떤 발음은 부정하고 어떤 발음은 권장하는 것일까? 언어규범 학자들은 발견되는 모든 발음 변이형들의 다양한 측면을 모두 평가한다. 해당 발음 변이형이 확산된 정도와 언어 발달의 객관적 법칙에 부합하는 정도 등 다양한 요인을 고려하며, 각 발음의 근거가 되는 요소의 상대적인 힘을 평가한다. 이 과정에서 특정 발음의 확산 정도는 중요한 것이기는 하지만 그것이 해당 발음을 정당화하는 가장 강한 근거가 되지는 않는다. 그것은 널리 확산된 오류도 있기 때문이다. 그 외에 정음법 전문가들은 합리적 보수주의 입장에서 새로운 발음을 서둘러 인정하지 않는다. 문학어 발음이 너무 빨리 변해서는 안되기 때문이며, 문학어가 세대를 연결시키고 공간뿐 아니라 시간적인 측면에서도 언중을 통합시켜주는 기능을 하기 때문이다. 따라서 보통 확산의 정도가 가장 작다고 하더라도 전통적인 발음을 권장하고 있는 것이다.

3. 정음법의 종류

러시아 문학어 정음법은 다음과 같은 규칙들로 나누어진다.

- 고유의 발성 또는 발음 규칙들
- 강세 규칙들
- 억양 규칙들

발성 또는 발음 규칙은 음소 또는 교체되는 음소들의 음향적 변이형 선택을 조절한다. 예를 들어, 단어 дорогой는 [**дорого́й**]가 아닌 [**дър**Λго́й]로 발음해야 하며, 단어 расчёт는 рас[**ч**]ёт가 아닌 ра[**ш':**]ёт로 발음해야 한다.

강세 규칙은 비강세 음절들 사이의 강세 음절의 배치나 이동의 변이형 선택을 조절한다. 이에 따라, на́чался 또는 нача́лся가 아닌 начался́로 발음해야 한다.

억양 규칙은 통사적, 감정적 의미 표현에 적당한 리듬-멜로디 변이형 선택을 조절한다. 이에 따라 정보를 묻는 경우 ИК-1이 아닌 ИК-3가 사용된다. 다음은 외국인들에게 러시아어 억양구조를 가르치는 수업 시간에 자주 제시되는 대화구문이다.

> - Дорис: Знаешь, Таня, вчера в кафе я подошла к столику, за которым сидела девушка. За столиком было ещё одно свободное место. И я спросила девушку: «Это место занято?» А она встала и ушла.
>
> - Таня: Дорис, ты, наверное, забыла, что такое ИК-3!

3.1. 발음 규칙

3.1.1. 모음 영역의 발음 규칙

(1) И의 발음

1) 문자 И가 [и]로 발음되는 경우:

- 어두에서 (강세가 있거나 없는 경우): ***и́****гры,* ***и****нтерне́т*
- 모음 뒤에서(강세가 있거나 없는 경우): *мо****и́****, сара́****и***
- 연자음 뒤에서(강세가 있거나 없는 경우): *поч****и́****стить, л****и****цо́*

2) 문자 И가 [ы]로 발음되는 경우:

- 문자 Ш 뒤에서: *ш****и****ть, выш****и****ва́ть*
- 문자 Ж 뒤에서: *ж****и****ть, но́ж****и****к*
- 문자 Ц 뒤에서: *ц****и****рк, оц****и****нко́вка*
- 어말이 경자음인 앞 단어와 이어서 발음되는 단어의 어두에서:

  из **и**нститута - *из[****ы****]нститута*, брат **и** сестра - *брат[****ы****]сестра*, декан **и**дёт - *декан[****ы****]дёт*, Иван **И**ванович - *Иван[****ы****]ванович*

  ☞그러나 이렇게 발음되는 것은 단어들을 이어서 발음하는 경우에만 해당되며, 단어 간에 휴지부를 두는 경우에는 두 번째 단어의 첫 부분이 [и]로 발음됨에 주의하여야 한다.

  예: [**и**]: *Тихо! Декан...* ***и****дёт*!

(2) Ы의 발음

문자 Ы는 다음 위치에서 표기에 상응하게 [ы]로 발음한다.

- 경자음 뒤 강세 하 위치에서: *с****ы****р, скворц****ы́***
- 경자음 뒤 무강세 위치에서: *о́с****ы****, ц****ы****га́н*

(3) У의 발음

다음 위치에서 문자 У는 강세 음절과 무강세 음절에서 표기에 상응하게 [у]로 발음한다.

- 어두에서: **у́**жин, **у**ме́ть
- 모음 뒤에서: на**у́**ка, вы**у́**чить
- 경자음 뒤에서: ш**у**м, п**у**сти́ть
- 연자음 Ч와 Щ 뒤에서: ч**у́**вство, щ**у́**ка

(4) Ю의 발음

1) 문자 **Ю**가 [у]로 발음되는 경우

- 연자음 뒤 강세 위치에서 (**Ч**와 **Щ** 제외): *л**ю́**стра, вар**ю́***
- 연자음 뒤 무강세 위치에서 (**Ч**와 **Щ** 제외): *с**ю**же́т, л**ю**бо́вь*
- *ж**ю**ри́, ж**ю**лье́н , Ж**ю́**ль*등 외국어 기원 단어 내 문자 **Ж** 뒤에서

(경자음인 [ж]는 이 경우에 연자음처럼 발음된다.)

- *параш**ю́**т, брош**ю́**ра* 등 단어의 문자 **Ш** 뒤에서

2) 문자 **Ю**가 [jу]로 발음되는 경우

- 어두의 강세 또는 무강세 위치에서: ***Ю́**ля, **ю**ри́ст*
- 강세 또는 무강세 모음 뒤에서: *ка**ю́**та, уме́**ю**т*
- 분리기호 **ь**와 **ъ** 뒤에서: *пь**ю**, вы́ль**ю*** и *отъ**ю**ли́ть, предъ**ю**биле́йный*

(5) A의 발음

1) 문자 **A**가 [a]로 발음되는 경우

- 어두 강세 위치에서: ***а́**тлас, **А́**зия*
- 모음 뒤 강세 위치에서: *пи**а́**но, пи**а́**р*
- 경자음 뒤 강세 위치에서: *т**а**м, к**а́**ртридж*
- 연자음 Ч와 Щ 뒤 강세 위치에서: *ч**а**с, совещ**а́**ние*

2) 문자 **A**가 [Λ]로 발음되는 경우

([Λ]는 강세 모음 [**a**]에 비해 입이 벌어지는 정도가 작은 음성)

- 어두에서: ***а**лма́з, **а**пте́ка*
- 강세 앞 첫 음절 경자음 뒤에서: *в**а**го́н, р**а**бо́та*

• 전치사 **у** 뒤 강세 앞 음절 어두에서: *у* ***а**ртúстки*, *у* ***а**втóбус*

<u>3) 문자 **А**가 [**ъ**]로 발음되는 경우</u>

([**ъ**]는 무강세 음절에서 а와 ы의 중간 정도로 발음되는 짧은 모음)

• 강세 앞과 뒤 음절의 경자음 뒤에서(첫 음절 제외):
*н**а**селéние*, *космéтик**а***

<u>4) 문자 **А**가 [**и**^{е}]로 발음되는 경우</u>

• 강세 앞 첫 음절 **Ч**, **Щ** 뒤에서: *ч**а**сы́*, *щ**а**вéль*

(6) О의 발음

<u>1) 문자 **О**가 [**о**]로 발음되는 경우</u>

• 어두 강세 위치에서: ***о**н*, ***ó**блако*

• 경자음 뒤 강세 위치에서: *г**ó**ды*, *полотн**ó***

• **Ч**, **Щ** 뒤 강세 위치에서: *плеч**ó***, *трущ**ó**ба*

• 외래어 단어와 외국인명의 강세 앞 또는 뒤 음절에서:
*р**о**к**о**кó*, *какá**о***, *рáди**о***, *Ш**о**пéн*

<u>2) 문자 **О**가 [**jo**]로 발음되는 경우</u>

• **ь** 또는 **й**와 경자음 사이 강세 위치에서: *буль**ó**н*, *рай**ó**н*

<u>3) 문자 **О**가 [Λ]로 발음되는 경우</u>

• 어두의 강세 앞 음절에서: ***о**дúн*, ***о**гневóй*

• 강세 앞 첫 음절 경자음 뒤에서: *в**о**дá*, *п**о**дáрок*

• 강세 앞 음절 경자음 뒤의 모음 **оо** 결합 구조에서:
*в**оо**бразúть*, *п**оо**щрéние*

• 경자음 뒤 모음 **ао** 결합 구조에서: *н**ао**борот*, *з**ао**рáли*

• 경자음 뒤 모음 **оа** 결합 구조에서:
*п**о**-америкáнски*, *п**о**-армéйски*

4) 문자 **O**가 **[ъ]**로 발음되는 경우

- 강세 앞 첫 음절을 제외한 모든 무강세 음절 경자음 뒤에서: *м**о**лодо́й*, *зо́л**о**т**о***

(7) Э의 발음

1) 문자 Э가 **[e]**로 발음되는 경우

- 어두 강세 위치에서: ***э́**тот*, ***э́**врика*
- 어두 무강세 위치에서: ***э**пи́тет*, ***э**кранизация*
- 경자음 뒤에서: *мэр*, *Улан-Удэ́*
- 모음 뒤 강세 위치에서: *по**э́**зия*, *ма**э́**стро*
- 어두 강세 위치에서 전치사와 이어서 발음하는 경우: *в **э́**тике*, *в **э́**посе*
- 앞 단어와 이어서 발음하는 경우의 어두 강세 위치에서: *брат **Э́**ммы*, *мать **Э́**ммы*, *около **Э́**ммы*

2) 문자 Э가 **[ыэ]**로 발음되는 경우

- 외래어 어두 강세 앞 음절에서: ***э**та́ж*, ***э**мигра́нт*
- 강세 앞 음절 어두에서 전치사와 이어서 발음하는 경우: *под **э**таже́ркой*, *в **э**коно́мике*

☞문학어 발음 규칙에서는 이 위치에서 [и][1]로 발음하는 것을 금하고 있다. 그것은 그런 발음이 속어적 뉘앙스를 가지기 때문이다.

(8) E의 발음

1) 문자 **E**가 **[e]**로 발음되는 경우

- 강세 음절 연자음 뒤에서: *н**е́**бо*, *з**е́**ркало*
- 외래어 강세 음절 연자음 뒤에서: *шин**е́**ль*, *Од**е́**сса*

---

[38] 이것은 저급한 속어적 발음으로, 때로는 문학어 규범을 잘 아는 사람들이 언어유희적 요소로 사용하거나 무대 공연 발음으로 사용된다. 비소츠키도 «Диалог у телевизора» 라는 노래를 부를 때, «А гадость пьют из [и]кономии: хоть поутру, да на свои»라고 발음하였다.

2) 문자 **Е**가 [**э**]로 발음되는 경우

- 강세 음절 문자 **Ш**, **Ж**, **Ц** 뒤에서: *ше́сть, же́ст, це́лый*
- 외래어 강세 음절 경자음 뒤에서: *конгре́сс, те́зис*

3) 문자 **Е**가 [$\textbf{и}^{\text{е}}$]로 발음되는 경우

- 강세 앞 첫 음절 연자음 뒤에서: *земля́, неу́мный*

4) 문자 **Е**가 [**ь**]로 발음되는 경우

- 강세 앞 음절 (첫 음절 제외) 연자음 뒤에서: *механи́зм, темнота́*
- 강세 뒤 음절 연자음 뒤에서: *парикма́хер, о́зеро*.

5) 문자 **Е**가 [**ъ**]로 발음되는 경우

- 명사, 형용사, 대명사 격어미, 강세 뒤 음절 경자음 **Ш**, **Ж**, **Ц**와 경자음 사이의 위치에서:
  с му́жем, в бы́вшем, круглоли́цего, в на́шем
- 어근 내 강세 뒤 음절 경자음 **Ш**, **Ж**, **Ц** 뒤에서:
  вы́шел, вы́жег, ка́рцер
- 동사 인칭어미, 강세 뒤 음절 경자음 **Ш**, **Ж** 뒤에서:
  ска́жет, пля́шем

6) 문자**Е**가 [$\textbf{ы}^{\text{е}}$]로 발음되는 경우

- 강세 앞 첫 음절 경자음 **Ш**, **Ж**, **Ц** 뒤에서: *шесто́й, жена́, цена́*
- 격어미와 형용사 비교급 형태, 강세 뒤 음절 경자음 **Ш**, **Ж**, **Ц** 뒤에서:
  на ко́же, в макинто́ше, на у́лице; ти́ше, ре́же

7) 문자 **Е**가 [$\textbf{ъ}^{\textbf{ы}}$]로 발음되는 경우

- 강세 앞 음절 (첫 음절 제외) 경자음 **Ш**, **Ж**, **Ц** 뒤에서: *шерстяно́й, жениха́, целова́ть*.

8) 문자 **Е**가 [**je**]로 발음되는 경우

- 어두, 자음 앞 강세 위치에서: *ел, ель, есть*
- 모음 뒤 강세 위치에서: *пое́хать, бое́ц*

- 철자 **И** 뒤의 어말 강세 음절에서: *бытие́, житие́* (교회슬라브어 기원 단어들)
- 철자 **Ъ, Ь** 뒤 자음 앞과 어말의 강세 음절 에서: *съел, съе́ли, о соловье́*

9) 문자 **Е**가 [**ји**e]로 발음되는 경우

- 어두, 강세 앞 첫 음절에서: ***е**да́, **е**ло́вый*
- 강세 앞 첫 음절 모음 뒤에서: *бо**е**во́й, у**е**зжа́й*[1]

10) 문자 **Е**가 [**ie**]로 발음되는 경우

- 강세 앞 음절 (첫 음절 제외) 어두에서: ***е**вропе́йский, **е**рунда́*

11) 문자 **Е**가 [**iь**]로 발음되는 경우

- 강세 뒤 음절의 모음 뒤에서: *мо́**е**м, ча́**е**м*

12) 문자 **Е**가 [**jь**]로 발음되는 경우

- 강세 뒤 음절의 문자 **Ь** 뒤에서: *здоро́вь**е**, весе́ль**е**м*

(9) Ё의 발음 (문자 Ё는 항상 강세를 가진다.)

1) 문자 **Ё**가 [**о**]로 발음되는 경우

- 연자음 뒤에서: *лёд, мёд, ликёр, пёс*
- 연자음 **Ч, Щ** 뒤에서: *чёрный, щётка*
- 경자음 **Ш, Ж** 뒤에서: *шёл, жёлтый.*

2) 문자 **Ё**가 [**jo**]로 발음되는 경우

- 어두에서: ***ё**лка, **ё**рничать*
- 모음 뒤에서: *по**ё**т, неу**ё**мный*
- 분리기호 **Ъ, Ь** 뒤에서: *съ**ё**мка, бель**ё***

---

[39] 구어체 발음 스타일에서는 음성 j를 탈락시킬 수 있다.

(10) **Я**의 발음

1) 문자 **Я**가 [**а**]로 발음되는 경우

- 강세 음절 연자음 뒤에서: ***пя́***тый, лент***я́***й

2) 문자 **Я**가 [**и**[е]]로 발음되는 경우

- 강세 앞 첫 음절 연자음 뒤에서: ***пя***тна́дцать, ***ря***би́на

3) 문자 **Я**가 [**ь**]로 발음되는 경우

- 강세 앞 음절(첫 음절 제외) 연자음 뒤에서:
  *л**я**гушо́нок, **тя**желе́йший*
- 강세 뒤 음절 연자음 뒤에서: *де́с**я**ть, па́м**я**ть.*

4) 문자 **Я가** [**ja**]로 발음되는 경우

- 어두 강세 음절에서: ***я́***сный, ***Я́***ндекс
- 강세 음절 모음 뒤에서: *за**я́**вка, сто**я́**ть*
- 분리기호 **Ъ**, **Ь** 뒤의 강세 음절에서: *отъ**я́**вленный, рь**я́**ный*

5) 문자**Я가** [**jи**[е]]로 발음되는 경우

- 어두의 강세 앞 첫 음절에서: ***я***зы́к, ***я***вля́ться
- 강세 앞 첫 음절 모음 뒤에서: *по**я**влю́сь, по**я**сне́ние*

6) 문자 **Я가** [**jь**]로 발음되는 경우

- 강세 앞 (첫 음절 제외) 어두 음절에서: ***я***зыково́й, ***я***дови́тый
- 강세 뒤, 어말과 격어미가 아닌 음절 내 자음 뒤에서:
  *по́**я**с, вы́**я**снить*

☞이 위치에서 [j]를 발음하지 않을 수도 있다.
  비교: [по**jь**с] – [по**ь**с]

7) 문자 **Я가** [**jъ**]로 발음되는 경우

- 강세 뒤 음절의 모음 뒤 - 어말에서: *дорога́**я**, зна́ни**я***

• 강세 뒤 음절의 모음 뒤 - 격어미에서: *о музе́ях, по традици́ям*

• 강세 뒤 음절의 철자 **Ь** 뒤에서: *ли́сья, бра́тьям*

3.1.2. 자음 영역의 발음규칙

잘 알려진 것처럼, 러시아어 자음의 발음은 인접한 자음, 모음 조직에 많은 부분 종속된다. 모든 러시아어 자음은 두 가지 대립 계열, 즉 유성자음//무성자음과 경자음//연자음 계열로 나누어진다. 이들의 특성에 대해 간단히 살펴보자.

자음 발음 시 성대가 진동하는 경우를 유성음이라하고 그렇지 않은 경우를 무성음이라 한다. 음성 [к], [п], [с], [т], [ф], [х]와 이들의 연자음 쌍, 즉 구개음화[40] 조음 쌍인 [к'], [п'], [с'], [т'], [ф'], [х'], 그리고 경자음//연자음 대립쌍을 구성하지 않는 [ш], [ш'], [ц], [ч]가 무성음이다.

조음 시 공기의 흐름이 성대를 비롯하여 후두, 구강에서 장애를 만나는 경우 유성음이 형성된다. 음성 [б], [в], [г], [д], [з]와 이들의 연자음 쌍인 [б'], [в'], [г'], [д'], [з'], 그리고 향음이라 불리는 [л], [л'], [м], [м'], [н], [н'], [р], [р'], [j], 그리고 경자음//연자음 대립쌍을 구성하지 않는 음성 [ж]가 유성음이다.

모든 러시아어 자음이 유성//무성 대립쌍을 구성하는 것은 아니다. 음성 [х], [х'], [ц], [ч]는 대응하는 유성음이 없다.

인접하는 자음은 서로 유성//무성 속성에 따른 영향을 주고 받아 자음 **동화(ассимиляция)** 현상이 발생한다. 러시아어 자음 무리의 동화는 항상 앞 자음이 이어지는 자음의 속성에 동화되는, 즉 뒷 자음의 속성이 앞 자음의 속성에 영향을 주는 역행 동화(прогрессивная ассимиляция)이다.

최근 수십 년 간의 발음 규칙 변화가 발음의 기반, 즉 음성 체계를 변화시킨 것은 아니다. 발음 규칙 변화는 대부분의 경우 개별적인 단

---

[40] 구개음화 – 구강 내 혀의 위치와 모양에 따른 보충적 조음 기제로 연자음을 발음할 때 혀의 중간부분이 상승하여 경구개 쪽으로 접근하며, 경자음을 발음할 때는 혀의 중간 부분이 하강하므로 자연스럽게 혀의 뒷부분이 연구개 쪽으로 접근한다.

어나 문법 형태의 발음 변화와 관련된다. 이와 관련하여 학자들은 "러시아어는 시간이 지나면 연자음 동화 경향을 완전히 상실할 것으로 보이며, 따라서 옛 모스크바 발음에서는 규범적인 것이었고 과거 아바네소프가 규칙으로 정착시켰던 것은 오늘날의 문학어 속성에는 맞지 않는다는 의견이 있다."[41]고 밝히고 있다. 여기서 말하는 것은 연자음 앞의 자음 발음에 관한 것이다. 예를 들어, армия, гордиться, партия 등의 단어의 р는 과거에는 연자음 **[р']**로 발음되었으나, 현재는 경자음 а[р]мия, го[р]диться, па[р]тия로 발음한다.

그렇다면 러시아어 자음영역에서의 현대적인 기본 발음 규칙은 어떤 것이 있을까? 이제 일반적으로 외국인이 발음 상 어려움을 겪는 기본적인 경우를 살펴보도록 하자.

(1) 외래어의 [е] 앞 자음 발음

[е] 앞의 자음은 경자음으로 발음되기도 하고 연자음으로 발음되기도 한다. 그것은 그런 단어들이 주로 외래어로서 러시아어화 과정을 거치면서 경자음 발음에서 연자음 발음으로 점차 전이된 것이기 때문이다. 예를 들어, 아바네소프와 오제고프가 편집하여 1959년에 출판한 사전 «Русское литературное ударение и произношение. Опыт словаря-справочника»에는 *текст* (не тэ), *тема* (не тэ), *текстолог* (не тэ), *тенор* (не тэ)와 같이 표기되어 있는데, 이를 통해 당시에 *т*[э]*кст, т*[э]*нор*와 같은 발음이 사용되고 있었음을 추정할 수 있다. 그리고 이 사전에서는 단어 *темп*는 *т*[э]*мп*로 발음할 것을 권장하고 있는데, 같은 사전 1998년판 에서는 [т'е]*мп*라는 발음을 제시하고 있다.

이런 단어의 발음 변화 과정이 다양하게 진행되고 있기 때문에 학자들도 아직 구체적인 법칙성을 제시하지 못하고 있다. 따라서 사전마다 올바른 발음으로 제시하는 바가 서로 다르게 나타나기도 한다.

---

[41] 이에 관해서는 Г.Г. Кедрова, Е.В. Потапов 등의 저서 참조

따라서 본 절에서 최근에 출판된 사전들을 참고하여 외래어 단어의 자음 발음의 기본 규칙을 제시하도록 하겠다.

1) е 앞의 자음이 경자음으로 발음되는 경우

(즉, 아래 단어들의 밑줄 친 е는 [э]로 발음된다.)

абсент, авиамоделизм, австралопитек, автогенез, автогрейдер, адаптер, аденоид, адепт, адюльтер, адекватный, акинезия, алтей, альма-матер, альтерация, альтернатива, амнезия, анамнез, ангстрем, андезит, анестезиология, антенна, антидепрессант, антисептика, антитеза, антропогенез, апартеид, апостериори, археоптерикс, асептический, асиндетон, астенический, астероид, атеизм, ателье, атеросклероз, аутентичный, аутодафе, аутсайдер, ацтеки;

баттерфляй, баядерка, безе, бестселлер, бета-лучи, бижутерия, бизнес, биогенез, биогенетический, бифштекс, блайзер, бренди, бретелька, буриме, бутерброд, бюстгальтер;

вальдшнеп, варьете, ватерполо, вендетта, вестерн;

гантель, генезис, генетика;

деизм, декаданс, декодирование, деликатес, дельта, дельтаплан демонтаж, детектив, диадема, диапроектор, диспансер;

ингредиент, индекс, интеграл, интервент, интервью интерпретация;

каберне, кабаре, кариес, кафе, кибернетика, компьютер ,коттедж;

менеджер, метрополитен, модель, модернизм;

пантеон, пастель, пастернак, патетика, питекантроп, потенциал;

регби, резюме;

свитер, секс, сентенция сервис, синтез, спаниель, спидвей, спринтер, стенд, стресс;

тезаурус, тезис, тембр, темп, темпера, тенденция, теннис, тент, теология, термос, тест, тире, тотем, трек;

филателия, фонетика, фрикаделька;

хризантема;

цитадель;

чартер;

шедевр, шпатель, штемпель, штепсель;

эзотерический, экзема, экстенсивный, экстерн, эндемик, эсер, эспандер, эссе, эстетика.

2) е 앞의 자음이 연자음으로도 경자음으로도 발음되는 경우

бандероль, декан, дерматолог, индекс, лотерея, пантера, рейтинг, сленг, шпатель, экспресс

구어에서는 е 앞 자음의 발음 규칙이 종종 어겨지기도 한다. 따라서 러시아어 원어민들이 아래 단어들의 밑줄 친 е를 [э]로 발음하는 경우를 종종 접할 수 있다.

агрессия, академия, берет, брюнет, декада, кофе, крем, паштет, пионер, пресса, термин, фанера

위의 단어들은 발음 규칙과는 달리 연자음이 아닌 경자음으로 발음된다. 이런 발음은 문어 중심적 발음이라 하며, 아바네소프가 말하는 '의도적인 외국어식 발음'이다. 이런 발음은 작가가 작품 주인공의 발화에 특정한 색채를 부여하기 위해 사용하기도 한다. 예를 들면, 유명한 러시아 영화 «Бриллиантовая рука»에서 주인공이 의도적으로 문어체와 속어체를 섞어 협박조로 «Будет тебе и ва-а-анна, и ко-о-фэ (바른 발음은 кофе), и какава (바른 발음은 какао) с чаем.»이라고 말하여 관객의 웃음을 자아낸다.

반면, 다음과 같이 경자음을 연자음으로 바꾸어 발음하면 일상 구어적, 속어적 색채가 부가된다.

[дэтэ]ктив -> де[т']ектив, бест[сэ]ллер -> бест[с']еллер,

бре[тэ]лька -> бре[т']елька, сви [тэ]р -> сви[т']ер,

[тэ]зис -> [т']езис, ше[дэ]вр -> ше[д']евр

(2) Г의 발음

1) 문자 **Г**가 **[х]**로 발음되는 경우

- мя**г**че, ле**г**че, ле**г**ко, мя**г**ко, смя**г**чить, облe**г**чить 등의 단어에서 그렇게 발음된다.

그러나 문어적 특성을 가지는 отя**г**чённый, тя**г**чайший 등의 동일 어근 단어들에서는 [к]로 발음하여야 한다.

- 단어 бо**г**에서

2) 문자 **Г**가 유성 후설 마찰음인 **[γ]**로 발음되는 경우

- 단어 **г**осподь, **г**осподи, бо**г**а 등에서

이 이외에 옛 모스크바 발음 규칙에 따라 이 발음이 종교적 색채를 띠는 일부 단어에서도 유지되고 있다. 노년층의 러시아어 원어민은 종종 благо를 бла[γ]о로, благ를 бла[х]로 발음하며, 이 발음 규칙에 상응하게 богатый를 бо[γ]атый로 발음하기도 한다. 그러나 현대 러시아 문학어에서는 이 발음 규칙이 부분적으로 사라졌기 때문에, 현재의 음성 체계 기본 원리에 부합하는 발음은 각각 бо[**г**]а, бла[**г**]о, бо[**г**]атый, бла[**к**]이다.

한편, 후설 마찰 유성음 [х]와 후설 마찰 무성음 [γ]의 대립 구조가 유지되고 있는 일부 방언에서는 자음 [г]를 [γ]로 발음하기도 한다.

예: говорить - [γ]оворить, город - [γ]ород, дорогой - доро[γ]ой

물론 이런 발음은 주로 남부 방언들의 특징이며, 러시아 문학어 발음 규칙에는 어긋나는 것으로 취급된다.

덧붙여 문자 **К**의 발음에 관하여 간단하게 살펴보면, 여러분은 아마 모스크바에서 나이 든 사람들이 кто, к тому, доктор, директор 등을 [х]то, [х]тому, до[х]тор, дире[х]тор로 발음하는 것을 들어보았을 것이다. 이런 발음은 옛 모스크바 발음 규칙에 따른 것으로, 현재는 바르지 않은 발음으로 취급된다.

(3) 다양한 자음무리에서의 В, Г, Д, К, Т의 묵음

1) 자음무리 **вств** 에서의 묵음

- 첫 번째 자음 [**в**]를 제외하고 [**ств**]로 발음한다.

  예: чу́**вство** - чу́[**ств**]о, здра́**вству**й - здра́[**ств**]уй 및 이 단어들의 동근어들

2) 자음무리 **ргск**에서의 묵음

- 자음 [**г**]를 제외하고 [**рск**]로 발음한다.

  예: петербу́**ргск**ий – петербу́[**рск**]ий,
  га́мбу**ргск**ий – га́мбу[**рск**]ий

3) 자음무리 **ндск**에서의 묵음

- 자음 [**д**]를 제외하고 [**нск**]로 발음한다.

  예: исла́**ндск**ий – исла́[**нск**]ий, финля́**ндск**ий – финля́[**нск**]ий

4) 자음무리 **сдц**에서의 묵음

- 자음 [**д**]를 제외하고 [**сц**]로 발음한다.

  예: узда́ - поду**здцы́** (поду[**сц**]ы)

5) 자음무리 **ндц, рдц, рдч**에서의 묵음

- 자음 [**д**]를 제외하고 [**нц**], [**рц**], [**рч**]로 발음한다.

  예: таила**ндцы** – таила[**нц**]ы, се**рдц**е – се[**рц**]е,
  се**рдч**ишко – се[**рч**]ишко

6) 자음무리 **скс**에서의 묵음

- 자음 [к]를 제외하고 장음 [с:]로 발음한다.

  예: ба**скс**кий – ба[**с:**]кий

7) 자음무리 **лнц**에서의 묵음

- 자음 [л]을 제외하고 [**нц**]로 발음한다.

  예: со́**лнц**е – со́[**нц**]е

8) 자음무리 **нтск**에서의 묶음

- 자음 [т]를 제외하고 [**нцск**]로 발음한다.

예: ташке́**нтск**ий – ташке́[**нцск**]ий,

ассисте́**нтск**ий – ассисте́[**нцск**]ий

☞ 구어에서는 문자 **т** 위치의 자음 발음을 생략하여 [**нск**]로 발음한다.

예: протеста́**нтск**ий – протеста́[**нск**]ий, гига́**нтск**ий – гига́[**нск**]ий

9) 자음무리 **стц**에서의 묶음

- 자음 [т]를 제외하고 [**сц**]로 발음한다.

예: исте́ц – истца́ - и[**сц**]а́

10) 자음무리 **стск**에서의 묶음

- 자음 [т]를 제외하고 с를 장자음으로 하여 [**с:к**]로 발음한다.

예: раси́**стск**ий - раси́[**с:к**]ий.

(4) 다양한 자음무리의 발음

1) 자음무리 **гк**를 [**хк**]로 발음

예: мя́**гк**ий – мя́[**хк**]ий, мя**гк**осерде́чный – мя[**хк**]осерде́чный

лё**гк**ий – лё[**хк**]ий, ле**гк**ово́й – ле[**хк**]ово́й

2) 자음무리 **гч**를 [**хч**]로 발음

예: ле́**гч**е – ле́[**хч**]е, обле**гч**и́ть – обле[**хч**] и́ть,

мя́**гч**е – мя́[**хч**]е, смягчи́ть – смя[**хч**]и́ть

3) 문어적인 단어에서 자음무리 **гч**를 [**гч**]로 발음

예: тя**гч**а́йший – тя[**гч**]а́йший.

4) 자음무리 **дс**를 [**ц**]로 발음

예: 어근과 접미사의 연결부분에서

- 형용사에서 горо**дс**ко́й - горо[**ц**]ко́й
- 명사에서 благоро́**дс**тво - благоро́[**ц**]тво
- 동사에서 усе́р**дс**твовать - усе́р[**ц**]твовать

5) 자음무리 **дск**를 [**ц**]로 발음

예: 도시 명칭들에서 Кислово́**дск** - Кислово́[**ц**]к

6) 자음무리 **дч**를 장음 [**ч:**]로 발음

예: 어근과 접미사의 연결 부분에서

- 명사에서 зо́**дч**ество - зо́[**ч:**]ество
- 형용사에서 нахо́**дч**ивый - нахо́[**ч:**]ивый
- 접두사와 어근의 연결 부분에서
  по**дч**еркну́ть – по[**ч:**]черкну́ть,
  пре**дч**у́вствовать – пре[**ч:**]у́вствовать

7) 자음무리 **дц**를 장음 [**ц:**]로 발음

예: 어근 및 접사와의 연결 부분에서

- 접두사와 어근의 연결 부분에서 по**дц**епи́ть – по[**ц:**]епи́ть
- 어근과 접미사의 연결 부분에서 кана́**дц**ы – кана́[**ц:**]ы
- 어근에서 пятна́**дц**ать – пятна́[**ц:**]ать

8-1) 자음무리 **жд**를 장음 [**ж':**]로 발음

예: до́**жд**ик – до́[**ж':**]ик, до**жд**я́ – до[**ж':**]я́

☞ 이 발음은 옛 모스크바 발음 규칙에 상응하는 것이며, 앞서 밝힌 것처럼 이런 연자음형 발음은 새로운 경향에도 불구하고 아직은 표준적인 발음으로 인정되고 있다.

☞ дождик을 경자음 장음 [**ж:**]로 발음(до[**ж:ы**]к) 하는 것은 방언적인 발음이다.

8-2) 자음무리 **жд**를 연자음 [**жд'**]로 발음

예: до́**жд**ик – до́[**жд'**]ик, до**жд**я́ - до[**жд'**]я́

☞ 이런 발음은 문자 형태에 상응하는 발음으로, 앞서 밝힌 것처럼 페테르부르크식 발음에 정착되어 있다.

9-1) 자음무리 **жж**를 ж의 연자음 장음 [**ж':**]으로 발음

예: дро́**жж**и - дро́[**ж':**]и, **жж**ёт - [**ж': о**т]

☞옛 모스크바 발음 규칙에 따라 어근에서만.

9-2) 자음무리 **жж**를 ж의 경자음 장음 [**ж:**]로 발음

예: дро́**жж**и – дро́[**ж:**]и, **жж**ёт - [**ж:** от]

☞ 새로운 발음 규칙에 따라 어근에서만.

10) 자음무리 **жч**를 [**ш':**]로 발음

예: му**жч**и́на – му[**ш':**]и́на, перебе́**жч**ик – перебе́[**ш':**]ик

☞ мужчина의 **жч**를 [**ш**]로 발음하는 것은 속어적인 발음이다.

11) 자음무리 **здч**를 [**ш'ч'**]로 발음

예: боро**здч**атый – боро[**ш'ч'**]атый.

12-1) 자음무리 **зж**를 **ж**의 연자음 장음 [**ж':**]로 발음

예: е́**зж**у –е́[**ж':**]у, по́**зж**е – по́[**ж':**]е

☞ 옛 모스크바 발음 규칙에 따라 어근에서만.

☞ 러시아 고전극 무대 공연에서는 현재까지 이 발음만 사용하고 있다.

12-2) 자음무리 **зж**를 **ж**의 경자음 장음 [**ж:**]로 발음

예: - 접두사와 어근의 연결 부분에서: **изж**а́рил – и[**ж:**]а́рил

- 전치사와 이어지는 단어 어두에서:

  без жены́ - бе[**ж:**]ены́, **из жи́**ра – и[**ж:**]и́ра

- 어근 내에서: е́**зж**у – е́[**ж:**]у, по́**зж**е – по́[**ж:**]е

☞ 이런 발음은 옛 모스크바 발음에 대비되는, 보다 후기에 형성된 발음이다.

13-1) 자음무리 **зч**를 [**ш':**]로 발음

예: - 어근과 접미사 –ч가 이어지는 경우: ре́**зч**е – ре́[**ш':**]е

- 어근과 접미사 –чик가 이어지는 경우:

  расска́**зч**ик – расска́[**ш':**]ик

- 어근과 접미사 –чивый가 이어지는 경우:

  навя́**зч**ивый –навя́[**ш':**]ивый

13-2) 자음무리 **зч**를 [**ш'ч'**]로 발음

예: 전치사와 단어를 이어서 발음하는 경우:

без **ч**увств – бе[**ш'ч'**]увств

14) 자음무리 **зш**를 경자음 장음 [**ш:**]로 발음

예: - 어근과 접미사 -ш가 이어지는 경우:

вы́ле**зш**ий – вы́ле[**ш:**]ий

- 전치사와 단어를 이어서 발음하는 경우:

без **ш**у́ма – бе[**ш:**]у́ма

☞ 이 구조를 장음 [**ш:**]로 발음하지 않는 것은 속어적 발음의 특징이다.

15) 자음무리 **сж**를 경자음 장음 [**ж:**]로 발음

예: - 접두사와 어근의 연결 부분에서: **сж**ёг – [**ж:**]ог

- 전치사와 단어를 이어서 발음하는 경우: **с ж**еной – [**ж:**]ено́й

16) 자음무리 **стч**를 [**ш':**]로 발음

예: 형용사 비교급 형태에서 жё**стч**е – жё[**ш':**]е

17-1) 자음무리 **сч**를 [**ш':**]로 발음

예: - 어근과 접미사 –чик가 이어지는 경우:

подпи́**сч**ик – подпи́[**ш':**]ик

- 어근과 접미사 –чивый가 이어지는 경우:

зано́**сч**ивый – зано́[**ш':**]ивый

- 접두사 **рас-**와 어근의 **сч**가 이어지는 경우:

ра**сч**итаться – ра[**ш':**]итаться

☞ 이 자음무리를 [**ш'ч'**]로 발음하는 경우도 있지만 별로 선호되지 않는다.

- 접두사가 명확히 분리되지 않는 경우: **сч**астье – [**ш':**]астье
- 일상 대화에서 сейчас, тысяча와 같은 단어를 불완전 스타일로 빨리 발음하여 **сч** 자음무리가 형성되는 경우:

счас – [ш':]ас, ты**сч**а – ты[ш':]а

☞ [ш':]를 연자음으로 발음하지 않는 것은 속어적 발음의 특징이다.

17-2) 자음무리 **сч**를 [**ш'ч'**]로 발음

예: - 전치사와 단어를 이어서 발음하는 경우:

с чу́вством – [**ш'ч'**]у́вством

- 명확히 분리되는 접두사와 어근이 이어진 경우:

бе**сч**елове́чный – бе[**ш'ч'**]елове́чный

18-1) 자음무리 **сш**를 경자음 장음 [**ш:**]로 발음

예: - 전치사와 ш로 시작되는 단어를 이어서 발음하는 경우:

с шесто́м – [**ш:**]есто́м

- 접두사와 어근의 연결 부분에서:

бе**сш**у́мный – бе[**ш:**]у́мный

18-2) 자음무리 **сш**를 경자음 [**ш**]로 발음

예: сума**сше́**дший – сума[**ш**]е́дший, ма**сш**та́б – ма[**ш**]таб

19) 자음무리 **тс**를 [**ц**]로 발음

예: 어근과 접미사가 이어지는 경우

- 형용사에서 яку́**тс**кий – яку́[**ц**]кий
- 명사에서 де́**тс**тво – де́[**ц**]тво
- 동사에서 отсу́**тс**твовать – отсу́[**ц**]твовать

20) 자음무리 **тск**를 장음 [**ц:**]로 발음

예: 동사 3인칭형 어미와 재귀소사 -ся가 이어져 형성된 **тс** 자음무리: стесня́ю**тся** – стесня́ю[**ц:**]я.

21) 자음무리 **тск**를 [**ц**]로 발음

예: 도시 명칭에서: Бра**тск** -Бра[**ц**]к

22) 자음무리 **тц**를 장음 [**ц:**]로 발음

예: - 접두사와 어근의 연결 부분에서 о**тц**епи́ть – о[**ц:**]епи́ть

- 어근과 접미사가 이어지는 경우 тибе́**тц**ы – тибе́[**ц:**]ы

23) 자음무리 **тч**를 연자음 장음 [**ч:**]로 발음

예: - 어근과 접미사가 이어지는 경우 лё**тч**ик – лё[**ч:**]ик

- 접두사와 어근의 연결 부분에서

отча́янный – о[**ч:**]а́янный, **отч**ётливый – о[**ч:**]ётливый

☞ отчаянный, отчётливый 등을 о[ᵀ**ч**]а́янный, о[ᵀ**ч**]ётливый처럼 접두사 자음을 완전히 분리되지 않은 경자음으로 발음하는 경우가 있는데, 그것은 문어체 발음 스타일이다.

<u>24) 자음무리 **тьс**를 장음 [**ц:**]로 발음</u>

예: 동사 원형에서 стесня́**ться** – стесня́[**ц:**]я

<u>25-1) 자음무리 **чн**을 [**шн**]으로 발음</u>

예: коне**чн**о – коне[**шн**]о, наро**чн**о – наро[**шн**]о,

пра**чн**ая – праче[**шн**]ая, пере**чн**ица – пере[**шн**]ица('트집잡기 좋아하는 중년 부인'이라는 의미에서만: чёртова пере[**чн**]ица, старая пере[**чн**]ица), пустя**чн**ый – пустя[**шн**]ый,

ску**чн**о – ску[**шн**]о, яи**чн**ица – яи[**шн**]ица,

그리고 –ична형의 여성 부칭 Ильни**чн**а – Ильини[**шн**]а,

Кузьмини**чн**а - Кузьмини[**шн**]а, Никити**чн**а–Никити[**шн**]а

<u>25-2) 자음무리 **чн**을 [**чн**]이나 [**шн**]으로 발음</u>

예: було**чн**ая, горчи**чн**ик, копее**чн**ый, лаво**чн**ик,

пере**чн**ица, подсве**чн**ик, порядо**чн**ый, скворе**чн**ик,

сливо**чн**ый, шапо**чн**ый

☞ 그러나 현대 러시아어 사전들에서는 [**шн**] 발음을 옛날식 발음이 되어가는 것으로 표시하고 있다.

<u>25-3) 자음무리 **чн**을 [**чн**]으로 발음</u>

예: 기타 표기대로 발음하는 경우: да́**чн**ый, коне́**чн**ый, отли́**чн**о 등

☞ [**чн**]으로 발음해야 할 것을 [**шн**]으로 발음하면 발화에 저급한 속어적 색채, 때로는 방언적 색채가 부가된다.

<u>26-1) 자음무리 **чт**를 [**шт**]로 발음</u>

예: что – [**шт**]о, 그리고 여기서 파생된 단어들: **что́**бы, **что́**-то,

что́-нибудь, ни за **что́**, ко́е-**что**, не́ за **что**, ни**что́**

26-2) 자음무리 **чт**를 [**чт**]로 발음한다.

예: что에서 파생된 단어들 가운데 유일하게 не́**что** – не́[**чт**]о

3.2. 강세 규칙

러시아어 단어 강세 규칙은 러시아어 구어 습득과 관련하여 외국인 뿐 아니라 많은 러시아어 원어민들에게도 가장 어려운 부분이다. 다른 외국어, 즉 강세가 항상 첫 음절에 오는 에스토이나어, 라트비아어, 체코어, 핀란드어 등과 항상 선어말 강세인 폴란드어, 그루지아어, 그리고 항상 어말 강세인 아르메니아어, 프랑스어 등과 비교할 때, 러시아어의 강세는 **자유강세**로서 어떤 음절에도 올 수 있다. 예를 들어, до́рого, доро́га, дорога́ 와 같은 3음절 단어에서 강세 위치는 서로 다르다. 바로 이런 점이 러시아어 학습에 커다란 어려움이 되고 있다.

둘째로 러시아어 강세는 자유강세일 뿐 아니라 **이동강세**이다. 어형 변화나 조어 시에 강세가 다른 음절로 이동할 수 있다. (язы́к –языка́; ударе́ние – уда́рный) 따라서 러시아어를 공부하는 외국인은 한 단어의 강세 위치뿐 아니라 그 단어의 다양한 형태들에서 강세가 어디로 이동하는지도 알아야 한다. 그러나 다행스럽게도 러시아어 대부분의 단어들(약 96%)이 **고정강세**를 가진다. (уче́бник, уче́бника, уче́бнику, уче́бный)

셋째로 러시아어 강세는 자주 **의미 변별 기능**을 수행한다.

예: му́ка – мука́ (고통 – 밀가루),
па́хнуть – пахну́ть (냄새가 나다 – 바람이 불다),
жа́ркое –жарко́е (더운, 뜨거운 – 고기 요리)

그리고 러시아어 강세는 어형 변별 기능도 수행한다.

예: во́ды(복수 주격형) – воды́(단수 생격형),

хо́дите(직설법) – ходи́те(명령법),
рассы́пать(완료상) – рассыпа́ть(불완료상)

러시아어에서 강세는 거의 모든 독립적인 단어에 있으며, 강세가 없으면 단어는 완전한 형식을 갖춘 것이 아니다. 보조어와 소사는 독립적인 의미를 가지는 단어들이지만 보통 강세를 가지지 않는다.

예: Чтобы сно́ва верну́ться к тебе́, я с тобо́ю до́лжен прости́ться (Л.Амуров)
Не только не хочу́, но и не могу́ е́хать.

그 외에 так сказать, говорит 등의 몇몇 삽입어도 강세를 가지지 않을 수 있는데, 이에 따라 모음 약화와 관련하여 그들의 음성적 면모가 변화될 수도 있다.

예: [тъкскъзът'], [гъвър'ит], [гр'ит]

단어 брат도 고유의 어휘의미에서가 아닌 확장된 의미에서 호칭으로 사용되는 경우 강세를 가지지 않는다.

예: Я, брат, под горячую руку могу и преступление совершить.
(А..П. Чехов. Юбилей)

반면, на, за, об, от, по, без 등 몇 개의 단음절 전치사는 강세를 가지기도 하는데, 그런 경우 이어지는 독립어는 강세를 상실한다. 다음은 그런 특성을 보이는 경우들이다.

- 관용구의 구성 성분인 경우:
  лезть на́ стену (비교: повесить картину на сте́ну)
  брать за́ душу (비교: молиться за ду́шу человека)
  идти рука о́б руку (비교: удариться об ру́ку)
  час о́т часу не легче (비교: буду ждать вас от ча́су до двух)
  дать по́ лбу (비교: провести рукой по лбу́)

бе́з году неделя (비교: Она прожила без го́да - век!)

• 대화체나 속어체에 해당되는 경우:

пойдём на́ реку, иду по́ воду, походить по́ лесу, бе́з соли сидим, схватить за́ волосы

아카데미 문법에서는 강세가 독립어에서 **за**, **на**, **по** 등의 전치사로 이동하는 경우에 관한 몇 가지 법칙을 제시하고 있다.

• 전치사 за는 'за+명사 대격형' 구조에서 다음 경우에 강세를 가진다.

- '건너편에', '외부에', '뒤에'라는 의미를 표현하는 경우:

  уплыть за́ море; уйти за́ реку, за́ гору, положить за́ щеку, за́ ухо; заложить руки за́ спину, за́ голову, ногу за́ ногу

- 힘이 주어지는 대상을 지시하는 경우:

  схватить (схватиться, держать, тянуть, взять) за́ руку, за́ голову, за́ нос, за́ плечи, за́ волосы

- 그 어떤 기간을 의미하는 경우:

  сделать за́ год, за́ день, за́ зиму, за́ ночь

  заплатить за́ день, за́ год

- 'до+생격형 구조'로 표시되는 시간적 한계점 이전을 의미하는 경우:

  за́ день, за́ год (до чего-либо)

• 전치사 на는 'на+남, 여, 중성 명사 대격형, 중성 명사 전치격형' 구조에서 다음의 경우에 강세를 가진다.

- 그 무엇이 놓여있거나 향하는 표면을 지시하는 경우:

  упасть (сесть, лечь) на́ пол; спустить на́ воду

  выйти на́ море, подняться на́ гору

  надеть на́ голову, на́ руку, на́ ноги

- 시선의 방향을 의미하는 경우 (강세를 가지지 않기도 한다.):

  смотреть (взглянуть) на́ пол 또는 на по́л, на́ руки 또는 на ру́ки

- 지지점과의 접촉을 의미하는 경우:

  встать на́ ноги, на́ руки, на́ голову; лечь, упасть на́ спину

- 기간을 의미하는 경우:

  запастись (хватит, растянуть) на́ год, на́ зиму, на́ день

- 차이의 정도를 지시하는 경우

  на́ год старше; на́ голову выше; на́ день позже; отложить на́ год, на́ день

• 전치사 по는 'по+명사 여격형' 구조에서 다음 경우에 강세를 가진다.

- 운동의 장소를 의미하는 경우:

  ходить (гулять, бегать) по́ двору, по́ полю, по́ лесу

- 운동의 대상 또는 장소가 되는 그 무엇의 표면을 의미하는 경우:

  рассыпаться по́ полу, плавать по́ морю

위 전치사들이 위에 제시된 의미가 아닌 다른 의미를 표현하는 경우에는 강세가 전치사로 이동하지 않는다.

예: принял облако за го́ру; его ценят за го́лову, за ру́ки;
опасаюсь за но́ги; обратите внимание на го́ру, на ру́ки;
понадеялись на зи́му; налог на зе́млю; тоска по мо́рю

그리고 명사에 일치된 정어가 있는 경우에도 강세가 전치사로 이동하지 않는다.

비교: плавать по́ морю, 그러나 плавать по синему мо́рю

또한 명사에 종속적인 어형이 이어지는 경우에도 강세가 전치사로 이동하지 않는다.

예: на гору Шумак; за год и два месяца;
пригласить на день рождения, устать за день переезда;
по снегу и льду; по морю Лаптевых; держался за руку друга

그러나 아카데미 문법에서도 지적하고 있듯이, 현대 노어에서는 위에서 살펴본 구문에서의 강세 이동은 그리 확고한 현상이 아니다. 또한 강세 이동에는 구문의 리듬, 문장의 억양 중심 등 다른 요인들도 영향을 준다.

러시아어에는 위에서 살펴본 **기본 강세** 이외에 **약강세** 또는 **보조강세**라는 것이 있다. 기본 강세는 어큐트 강세(**á**)로 표시되는 반면, 약강세는 그레이브 액센트(**à**)로 표시된다.

약강세는 다음과 같은 경우에 나타난다.

- 몇몇 다음절 단어들:

  예: Кра̀снознамённый (ансамбль песни и пляски),
  чѐрносморо́диновое (варенье), хлѐбосо́льство, жа̀р-пти́ца

- после-, сверх-, около-, меж-, анти-, вне-, контр-등의 접두사가 부가된 단어들:

  예: по̀слеперестро́ечный (период), свѐрхсро́чная (служба),
  о̀колозе́мное (пространство), мѐжэтни́ческие (конфликты),
  а̀нтимонопо́льная (политика), внѐко́нкурсная (программа),
  ко̀нтрнаступле́ние

- 전치사 сквозь:

  예: Скво̀зь волни́стые тума́ны пробира́ется луна́.
  (А.С.Пушкин. Зимняя дорога)

- 동사 быть와 стать가 연사로 사용되는 경우:

  예: Я **бу̀ду** жи́ть там. И она **ста̀ла** расска́зывать э́ту исто́рию.

- 단어 было (술어 동사로 표현되는 행위의 중단 또는 미완료 의미):

  예: Я **бы̀ло** согласи́лся прийти́, но в после́дний моме́нт, поду́мав, отказа́лся.

• 단어 бывало (술어 동사로 표현되는 행위가 과거에 여러 번 수행되었다는 의미):
예: Молю́сь я, **быва̀ло**, молю́сь, и всё ду́маю про вину́ мою вели́кую перед ни́м. (Вяч. Иванов. Достоевский и роман-трагедия)

3.3. 억양 규칙

러시아어 강세 구조 및 여러 가지 강세들의 조합 가능성이 아주 다양하기 때문에 엄격한 규범적 틀을 찾아내기는 아주 어렵다. 그러나 Елена Андреевна Брызгунова[42]는 러시아어 교육 현장의 목적에 부합하도록 기본적인 러시아어 억양구조를 ИК-1, ИК-2, ИК-3, ИК- 4, ИК-5, ИК-6, ИК-7의 일곱 가지 유형으로 분류하였다. 러시아어 초급 과정을 마쳤다면, 아마 이 유형들의 기본 의미를 잘 알고 있을 것이다. 여기서는 이 기본 유형들이 발화에 어떤 감정-의미 뉘앙스를 부가하는가에 대해 소개하겠다.[43]

3.3.1. ИК-1을 통해 표현되는 의미

ИК-1은 특정 의미를 부각시키거나 강조, 대비시키지 않으며, 보통 종결된 의미를 표현하는데 사용된다. 기본적으로 다음과 같은 경우에 사용된다.

- 단일 통합소 문장에서:

Урок окончен. Ребята выступили хорошо.

- 여러 개의 통합소로 구성된 문장의 맨 마지막 통합소에서:

Завтра мы поедем на экскурсию, / и ты всё увидишь сам.

---

42 Е.А. Брызгунова, Звуки и интонация русской речи. – М., изд-во «Рус. язык», 1977.

43 이후 문장 내 강세 중심 단어를 짙은 색으로 표시한다.

한편, 대화나 독백 시 개념의 독립성을 강화시키기 위해 통합소의 중심에서 억양을 완만하게 하강시켜 모음의 긴장도를 증가시키는 ИК-1_2를 사용한다.

- Могу я пройти к директору?
- Он сейчас занят.
- Но я только на секундочку...
- Я же сказала вам, он занят! [за-а-нят]

위의 예에서는 청자의 태도에 대한 약한 **불만**을 표현하는데 ИК-1_2가 사용되었다. 즉, 대화의 마지막 문장은 «**Мне не нравится, что вы не хотите понять меня с первого раза.**»라는 의미를 전달한다.

- К сожалению, я всё-таки опоздал на собрание!
- Вот-вот![во-от] А я говорил [гавари-и-л] вам -поторопитесь!

위의 예에서는 이전에 말한 것에 대한 확신을 표현하는데 ИК-1_2가 사용되고 있다. 즉 «**Я вас предупреждал, что вы можете опоздать.**»라는 의미를 전달한다.

- *А мне ваше* [ва-а-ше] *сочинение понравилось!*
- *Правда? Спасибо большое!*

위 예의 첫 번째 대화문에서는 화자의 청자에 대한 태도를 강조하는데 ИК-1_2가 사용되고 있다. 즉, «**именно ваше сочинение понравилось, а не чьё-нибудь.**»라는 의미를 전달한다.

3.3.2. ИК-2를 통해 표현되는 의미

(1) 기본적 의미

ИК-2는 보통 의문사를 포함한 의문문에 사용된다.

- Когда вы приехали?
- Кому ты отдал книгу?
- У кого ты был?

여러 개의 통합소로 구성된 или를 포함한 의문문에서 이 억양구조는 다음과 같이 사용된다.

- Он поедет / или нет?
- Ты идёшь / или остаёшься?

(2) 부가적 의미

다음과 같은 대화구문에서는 감정적-평가적 부가의미를 전달한다.

- Он уже приехал?
- Кто?
- Ну, кто?! Володя!
- Коль, а он чё тебе говорил?
- Чё говорил? Чё говорил? Он и не говорил вовсе, а промзил[1] меня взглядом и велел записать фамилию.

(В.Астафьев «Жестокие романсы»)

이 대화의 «-Ну, кто?! Володя!»에서는 청자가 잘 이해하지 못하는 데 대한 불만이 표시된다. 즉 «**Разве непонятно, что речь идёт о Володе?!**»라는 의미가 표현된다.

그리고 «-Чё говорил? Чё говорил?»에서 화자는 청자에게 그 무엇에 대해 묻고 있는 것이 아니라 청자에 대한 불만을 표시하고 있는 것이다.

-Я поеду с папой!
- Ребята! Не спешите! Осторожно!

---

[44] пронзил의 방언형

위의 첫 번째 문장에서 화자는 «**Я поеду, а не ты!**»라는 대비적인 의미를 표현하며, 두 번째 문장에서는 화자가 청자들의 주목을 끌어 경고하려는 의도가 표현되고 있다.

3.3.3. ИК-3를 통해 표현되는 의미

(1) 기본적 의미

- 의문사 없는 의문 표현
  - Это университет? Он преподаватель?
- 대비적인 의문 표현
  - Он перевёл текст. И Таня перевела?
- 예상, 추측 의미의 의문 표현
  - Ира тоже выступала с докладом?
- 질문에 대한 반문
  - Какая сегодня лекция?
  - Какая сегодня лекция?
- 극히 완곡한 부탁
  - Вас не затруднит позвонить нам ещё раз?
  - Вы не могли бы принять нас завтра?
- 청유, 권유 표현
  - Давайте споём!
- 열거 표현 (여러 개의 통합소로 구성된 문장에서)
  - Он прекрасно знает русский, / корейский, / английский язык.
- 하나의 통합소에서 발화가 종결되지 않음을 표현 (여러 개의 통합소로 구성된 문장에서)
  - Вчера / на телеканале «Звезда» / шёл знаменитый фильм «Баллада о солдате».

(2) 부가적 의미

- 비난의 뉘앙스
  - И такие-то шутки у вас в ходу? И они вам нравятся? (А.Вампилов «Старший сын»)

- 불신, 의혹의 뉘앙스
  - И ты **пойдёшь**?
  - Пойду.
  - **Один**?
  - Один.
  - Нет, я тебя не пущу.
- 예기치 못한 일에 대해 놀람
  - Петя **курит**?Ни за что не поверю!
- 기쁨에 찬 기대를 담은 제안, 부탁
  - Мороженое **купишь**?
- 접속사 **но**를 포함한 의문문에서 '극히 놀람'의 의미 표현
  - Боря постоянно опаздывает. Но **Володя**?
- **столько**, **как**, **такой**, **так, ну и**와 함께 완료상 동사가 사용된 감탄문에서 행위의 역동성 의미 표현
  - А Лиса кричит: «Как **выскочу**, как **выпрыгну**, - полетят клочки по закоулочкам!»
    (Русская народная сказка «Лиса, Петух и Заяц»)
  - И вдруг начался такой сильный **дождь**!
- 보통 동사가 생략된 감탄문에서 밀도 높은 행위 수행을 의미
  - Ты со своими **проблемами**!
    (**Ты своими проблемами совсем замучил нас!**)

3.3.4. ИК-4를 통해 표현되는 의미

(1) 기본적 의미

대비 의미의 접속사 **а**가 포함된 부가적 의문

- Вы получили приглашение на конференцию?
- Да. **А вы**?

(2) 부가적 의미

1) 평서문, 감탄문에 사용되어 다음 뉘앙스를 표현한다.

• 강한 요구

- Дайте пройти!

• 옹호, 지지

- Ну, давай-давай, рассказывай.

• 훈계

- Слушать надо старших!

• 권유

- Входите!

• 반항, 공격성

- Ты был сегодня на работе?
- Не был. (**Ну и что? Какое тебе дело до меня?**)

• 경탄

- Муж у меня – золото!
- Дети у тебя! Чудо!

• 발화의 미완결

(의미는 상황이나 이어지는 말에 의해 구체화 된다.)

- Завтра мне опять рано ехать! (**Как это трудно!**)
- В пятницу в баньку пойду! (**Как это приятно!**)
- На Чусок в Чонан поеду – там фестиваль масок будет! (**Как это интересно!**)
- У меня эта статья есть ...
  (의도적인 발화 미완결로 의미는 «**Я могу вам её дать, если вы попросите.**»)
- Завтра концерт будет...
  (의미는 «**Если тебе интересно, я скажу, что за концерт.**»)
- А у меня-то что-то есть!
  (놀리거나 자극하기 위한 발화 미완결로 의미는 «**Угадай, что у меня есть или попроси хорошо ещё раз**»).

2) 의문문에 사용되어 다음 뉘앙스를 표현한다.

• 실무적, 공식적 성격의 요구

- Ваши документы?

• 경계 또는 도전의 뉘앙스

- Что ты здесь делаешь?
- А что?

• 의혹, 당혹

- Куда я положила конспект? (**совершенно не помню**)

• 부정적 주장

- Зачем тебе эти проблемы? (**совершенно не нужны тебе эти проблемы**)

• 실무, 실질적인 관심

- Пойдём с нами!
- А что мы будем там делать?

3.3.5. ИК-5를 통해 표현되는 의미

(1) 기본적 의미

ИК-5는 기본적으로 정대명사 какой, такой나 как, так 유형의 부사, 형용사가 포함된 문장에서 속성, 상태, 동작이 높은 정도로 발현된다.

- Какой ужас!
- Она такая умница!
- Как он хорош!
- Это так интересно!
- Великолепная музыка!
- Это милейший человек!
- Это самая известная улица в нашем городе!

그리고 다음과 같은 단일어 문장들에서도 사용된다.

- Кошмар!
- Оригинально!

(2) 부가적 의미

1) 감탄문에 사용되어 다음과 같은 뉘앙스를 표현한다.

- 강한 회의, 안타까움
  - Если бы знать заранее!
- 강한 희망, 기대
  - Хоть бы успел!
- 선호
  -Чтобы ей приехать пораньше!

2) 의문문에 사용되어 다음과 같은 뉘앙스를 표현한다.

- 조급함
  - Ну, где же добрый доктор?
  - Когда же он придёт?
- 안타까움
  - На кой леший[45], извините за выражение, сдался мне ваш приказчик?
    (А.П.Чехов «Медведь)

3.3.6 ИК-6를 통해 표현되는 의미

(1) 기본적인 의미

1) 문장의 마지막 통합소가 아닌 곳에 사용되어 다음 뉘앙스의 발화가 종결되지 않았음을 표현한다.

- 공식적 축하 분위기
  - Поздравляем вас / с этой знаменательной датой!
- 일상적 축하 분위기
  - Будьте здоровы / и счастливы!

ИК-6는 위와 같이 축하하는 말의 기본 억양이 된다.

2) 대명사나 소사를 포함한 감탄문에 사용되어 속성이 최대로 발

[45] На кой леший (비속어적 표현) - зачем, к чему, для чего

현된다는 의미를 표현한다. 이런 쓰임새는 ИК-5와 유사하나, ИК-6에서는 대명사나 소사가 억양의 중심이 되지 않는다는 차이가 있다.

- Какие цветочки замечательные!
- Вырос-то ты как!
- Сколько у тебя проблем!
- Жарко тут!
- Варенье мамочка сварила!
- Расстегайчики!

(2) 부가적인 의미

1) 대화 상대의 주의를 끌려는 의도에서 **кто (и все его формы) что, куда, где** 등의 대명사가 있는 감탄문에 사용된다.

- Кого я вижу!
- А что мы сейчас ели!
- Куда мы ходили!
- Где мы были!

이 경우 억양의 중심은 반드시 마지막 단어에 두어야 한다.

2) 접속사 **а**가 포함된 감탄문에 사용되어 기쁜 감정을 표현한다.

- А я экзамен на пятёрку сдала!

3) 대명사가 포함된 감탄문에 사용되어 의혹이나 안타까움을 표현한다.

- Кто же мне звонил?
- Кому понадобилось это написать?

4) 반문하는 경우의 의문문에 사용된다.

- В котором часу мы встречаемся?
- В десять.
- В котором, простите, часу? Я не понял.

3.3.7. ИК-7을 통해 표현되는 의미

(1) 기본적 의미

ИК-7은 감탄문에 사용되어 속성, 상태, 행위가 불가능하다는 강한 부정의 의미를 전달한다.

- Какая она певица! У неё и голоса-то нет.
 (**Она не может, не умеет петь.**)
- Какое мне отдыхать! Работы полно! (**Мне некогда отдыхать.**)
- Где уж теперь успеть! (**Нам ни за что не успеть.**)

(2) 부가적 의미

1) 소사 не와 함께 감탄 명령문 형태의 답문에 사용되어 동의나 반대의 의사를 표현한다.

- Такая жара сегодня!
- Не говори! (**Да, ужасная жара!**)

- Скучный какой спектакль! Только время зря потеряли!
- Не говорите! (**Действительно, я одобряю ваше мнение**)

2) 감탄문에 사용되어 커다란 만족감을 내포하는 평가적 의미, 상대의 평가에 대한 비 자발적 동의, 평가에 대한 확인 등을 표현한다.

- Хороший он парень-то?
- Хороший!

- Ведь она же грубиянка!
- Грубая, да. А что делать?

- По-моему, он очень интересный человек!
- Интересный! Верно!

이상 러시아어 발화의 일곱 가지 억양 구조를 살펴 보았다. 이 억양 구조는 러시아어 원어민과의 다양한 의사소통 상황에서 여러분이 보다 정확하게 자기 의사를 표현하고 상대방의 의사를 보다 정확하게 이해하는데 커다란 도움을 줄 것이다.

<본 장의 내용과 관련된 참고문헌>

1. Аванесов Р.И. Русское литературное произношение.М., 1984.
2. Бельчиков Ю.А. Стилистика и культура речи.М.,2000.
3. Скворцов Л.И. Теоретические основы культуры речи.М., 1980.

제 3 장

수사학

1. 수사학이란 무엇인가?

먼저 말에 대한 러시아인들의 평가가 반영된 몇 개의 러시아 속담과 격언들을 살펴보자.

- Слово вымолвит, словно жевачку прожуёт.
- Говорит, что родит.
- Слово за словом на черепашьих ногах ползёт.
- Говорит, словно в стенку горохом сыплет.
- Говорит, как сквозь зубы цедит.
- Бормочет, как глухарь.
- Горлом изба не рубится.
- За твоим языком не поспеешь босиком.

이들은 음성적 발화의 어떤 특성에 대해서 말하고 있는가?

물론 부정적이고 바람직하지 않은 측면에 대해서 말하고 있다. 첫 번째 예에서는 지루하게 늘어지는 말, 두 번째 예에서는 비중 있는 듯한 헛소리, 세 번째 예에서는 э-э, м-м, ну-у 등을 섞어 길게 늘여 하는 말, 네 번째 예에서는 귀가 따갑도록 요란스럽게 떠들어 대는 말, 다섯 번째는 불명확하게 웅얼대어 알아들을 수 없는 말, 여섯 번째도 불명확하게 웅얼거리는 말, 일곱 번째는 쓸데없이 큰소리로 하는 말, 여덟 번째는 따발총 소리처럼 빠른 속도로 끊임없이 떠들어대는 말을 의미하고 있다.

한편 푸슈킨은 '살탄 황제 이야기'에서 백조 왕비의 말을 «А как речь-то говорит, будто реченька журчит.»이라고 묘사하고 있다. 아마도 이런 평가에 대해서는 부연 설명이 필요 없을 것이다.

모든 사람은 남들에게 자신을 이해시키기 위해서 말을 한다. 달리 말하면, 제1장에서 언급한대로, 자신이 옳다는 것을 입증하거나 어떤 행위를 촉구하거나 그냥 단순히 자신에게 공감하도록 설득하거나 하는 등 그 어떤 목적을 달성하기 위하여 말을 한다. 그런데 그런 목적은 달성되기도 하고 달성되지 못하기도 한다. 그런 목적이 달성되도록 하기 위해서는, 즉 자연이 우리에게 부여해준 말하는 능력을 '멋지게' 말하는 재능으로 변모시키기 위해서는 서론에서 언급한 바 있는 수사학(Риторика)에 대해 이론적, 실질적으로 알 필요가 있다. 본 장에서는 수사학의 기본 개념과 용어, 역사를 간단히 살펴보고, 수사학의 가장 중요한 부분인 발화 기법(техника речи)에 대해 살펴보도록 하겠다.

수사학이라는 용어는 그리스어에서 기원된 것이다. '말하다'라는 의미의 고대 그리스어 rheo에서 '웅변가'라는 의미의 단어 rhetor가 파생되었으며, 여기서 웅변술, 수사학이라는 의미의 단어 rhetorike 또는 rhetorike techne가 형성되었다.

고대 그리스 시대(B.C V~I 세기)에 수사학은 '설득의 기술'로 불리기도 했으며, 로마시대의 수사학에 대한 정의로 가장 널리 알려진것은 'ars bene dicendi 말을 잘하는 기술'이라는 퀸틸리아누스의 정의였다. 키케로는 웅변가는 잘 알려진 말을 사용하여 명료하고 아름답게 말하는 방법을 고안해내야 한다고 함으로써 수사학 학습의 구체적인 과제를 설정하였다.

르네상스 시기에는 수사학을 '말을 장식하는 기술'로 규정하기도 했다.

현대적인 의미에서 수사학은 기본적으로 'Культура'라는 개념과 관련된다. 문화는 말의 형성에 관한 긍정적인 경험들을 종합하며, 말을 사용하는 최적의 방법을 제시한다.

유럽과 러시아의 고전적인 개념을 근거로 한 러시아의 현대 수사학은 발화를 통한 의사소통의 전반적인 문제들을 다룬다. 따라서 수사학은 일상 생활, 정치, 교육, 법률, 언론 등 모든 종류의 발화를 통한 상호작용과 연관된다.

현대 수사학의 정의는 다음과 같은 요소를 포함한다.

- **수사학은 발화의 기본 이론이자 기법이다.**
  발화 기법은 다양한 의사소통 상황에서 모든 언어 수단을 사용할 줄 아는 실질적인 능력을 말한다.
- **수사학은 생각하는 기법이다.**
  바르게 말하도록 가르치는 것은 동시에 바르게 생각하도록 가르치지 않고서는 불가능하다. 그런 점에서 "선한 사람이 아니라면 그 누구도 완벽한 웅변가가 될 수 없다."는 퀸틸리아누스의 말은 오늘날에도 커다란 의미를 가진다. 그것은 정신적-도덕적 기반이 없이는 수사학을 가르치고 배우는 것이 불가능하기 때문이다.
- **수사학은** 설득력 있고 아름다우며, 적절하고 효과적이며 합목적적인 **완성된 발화의 이론이자 기법이다.**
- **수사학은 개인의 발화 능력을 양성하는 학문이다.**
  수사학은 대중 연설 능력을 형성해주며, 이념, 지식, 인생관 등 개인의 인격 형성에 도움을 준다. 또한 다양한 의사소통 상황에서 자신의 생각을 표현하고 변론하는 능력 형성에 도움을 준다.
- **수사학**은 일상적인 발화로부터 대중매체를 위한 발화에 이르기까지 문화에 포함되는 다양한 텍스트들에 대한 연구를 전제로 하는 발달된 정보소통을 위한 **발화의 이론이자 실제**이다. 언어적으로 발달된 개인은 모든 현존하는 발화 스타일에 대해 잘 알고 그 속성에 대해 잘 이해하여 효과적인 의사소통 기법들을 완벽하게 구사할 수 있어야 한다.

1.1. 수사학 성립의 간략한 역사

수사학은 가장 오래된 학문 가운데 하나로, 거의 2500년 전부터 있어왔다. 수사학의 발생지는 고대 그리스의 아테네이다. 당시 대중 연설 능력은 시민권을 가진 모든 사람의 필수적인 덕목 가운데 하나였으며, 대중을 설득하는 능력은 사람의 운명을 좌우하기도 하였다. 이는 당연한 일인데, 고대 아테네에서는 모든 기본적인 문제들이 의회에서 결정되었기 때문이며, 시민들의 지성과 감정에 대한 영향력이 많은 면에서 웅변술에 달려있었기 때문이다. 고대 그리스에서는 웅변의 능력은 높이 평가를 받았고 사회적으로도 의미 있는 것이 되었다.

아리스토텔레스에 따르면, '수사학의 발명자'는 그리스 철학자 **엠페도클레스**(B.C 495-435년경)였다. 엠페도클레스는 시를 쓸 때와 정치가로서 대중 연설을 할 때 다양한 웅변 기법을 사용함으로써 수사학의 시초를 마련하였다.

그의 제자로는 웅변술에 관한 최초의 교재를 쓴 **코락스**와 **테이시아스**, 그리고 수사학의 실질적인 설립자라고 할 수 있는 레온티니 출신의 **고르기아스**를 들 수 있는데, 이들은 웅변학교를 설립했으며 모범적인 연설문과 교재용 연설문들을 작성하였다. 한편 수사학 이론의 실질적인 개발은 **아리스토텔레스**의 '수사학'에서 시작되었다.

고대의 또 다른 유명한 저작물로는 마르쿠스 파비우스 퀸틸리아누스(A.D 35-96년)의 '웅변교수론(12권)'을 들 수 있다. 이 책은 간단히 '웅변가 양성' 또는 '웅변가 교육'이라는 제목으로 불리기도 했다. 웅변 기법 연구의 모든 체계가 상세하게 기술된 이 책은 오늘날까지 오랜 세월 동안 많은 나라에서 다양한 웅변술 학습 교재 구성의 기반이 되고 있다.

수사학에 관한 최초의 러시아어 교재는 1620년에 출판되었다. 그러나 최초의 학술적인 수사학 교재는 1743년에 출판된 미하일 **로모노소프**의 '간략한 수사학 지침'이다.

학술적인 의미에서의 러시아 수사학이 발달하여 점차 학문으로 자리 잡아 간 것은 1790년대부터 1860년대까지이다. 이 시기의 러시아 수사학 발전은 Никольский А.С., Рижский И.С., Сперанский М.М., Мерзляков А.Ф.등의 학자들과 연관된다. 이 시기의 학자들 가운데 Кошанский Н.Ф.가 있는데, 그는 푸슈킨이 다녔던 황립 리쩨이에서 러시아어와 로마 어문학을 가르쳤으며, 당시 가장 유명했던 교재인 '수사학 개론'과 '수사학 각론'[46]을 집필하였다.

러시아 고전 수사학의 마지막 교재로 들 수 있는 것은 Зслепецки К.П. 교수가 1849년에 쓴 '러시아어 강의«Курс русской словесности»'이다. 한편 1850년대부터 수사학은 일상 산문 또는 '민중 언어'와는 무관하다는 비판을 받으며 러시아 사회에서 사라지기 시작했다. 그리고 언어학과 문학이라는 새로운 학문이 등장함으로써 과거의 수사학은 잊혀지게 되었으며, 대학과 리쩨이에서의 수사학 연구도 중단되었다. 이 과정에 관해 저명한 러시아 수사학 역사 연구가인 Аннушкин В.И.은 다음과 같이 썼다. "실무언어 교육이나 정치 수사학 분야의 기본 연구가 없었고, 언어학이나 문학적 창작의 모든 성과에도 불구하고 학술적 문장에 대한 교육이 이루어지지 않았기 때문에 사회는 20세기 초에 도래하는 다양한 정치적 조류들에 대한 수사학적 비판을 위한 준비가 되어있지 않았다. 따라서 러시아의 10월 혁명의 원인도 많은 면에서 19세기 중반부터 1917년까지 러시아에 철학 교육이 부재했던 상황과 연관된다. ... 볼셰비키의 승리는 무엇보다도 '수사학의 승리'였다. 그것은 그들이 선전활동에서 적들보다 더 큰 설득력을 가졌으며, 논거도 더 잘 제시했고 보다 큰 확신을 주는 문체를 사용했기 때문이다."[47]

혁명 이후의 시기, 즉 1920년대부터 1990년대까지는 소비에트 수사

---

[46] Н.Ф. Кошанский는 수사학이라는 의미의 단어를 그리스어 단어 rhetorica처럼 모음 «е»를 사용하여 «реторика»로 표기하였다.

[47] Красноречие в России // Эффективная коммуникация: история, теория, практика, с. 264. 참조

학 시기로 불리며, 이 기간 동안 과거의 수사학은 발화 계발론, 텍스트 언어학, 기능 문체론, 화용론 등 일련의 과목으로 재편되었다.

그러나 이 과목들이 가지는 모든 긍정적인 측면에도 불구하고, 수사학의 문화-역사적 경험이 배경이 되지 않았기 때문에 일정한 제약이 있었다.

1980년대부터 러시아에서는 수사학이 부흥되기 시작했다. 이미 페레스트로이카 초기에 이 학문이 사회에 얼마나 필요한 것인가가 부각되었다. 새로운 수사학 교재들이 출판되었고, 각급 학교에 수사학 과목이 새롭게 도입되었다. 현재 대부분의 러시아 도시에 수사학, 웅변술 센터가 설립되어 있으며, 인터넷에도 그런 학습코스가 운영되고 있다.

1.2. 수사학을 어떻게 배울 것인가?

수사학은 역사적 발전 과정을 통해 발화 기법 교육의 풍부한 경험을 축적하였다. 고대 그리스와 로마의 저명한 웅변가들은 신체 계발과 철학 교육 없이는 수사학 교육이 불가능하다고 여겼다. 신체 계발이 중요한 것은 신체의 완성과 더불어 발화도 완성되어 가기 때문이며, 철학은 수사학 교육의 기반이 되는 기능을 하는 것으로 보았기 때문이다. 따라서 웅변가는 지식과 지성을 겸비한 사람이어야 했으며, 수사학은 완전한 심신을 전제로 하는 것이었다.

러시아에서 출간된 현대적인 수사학 교재에서는 이미 2500년 전에 제시되었던 여러 가지 사항을 찾아볼 수 있다. 다음은 모스크바의 푸슈킨 국립 언어연구소의 수사학 과목 첫 수업 시간에 학생들에게 제시되는 '웅변가의 선언' 가운데 몇 가지이다.

- 웅변술을 배우는 학생은 무엇보다도 공정한 방법과 공개적인 논거로 성공적인 연설을 이루어내는 훌륭한 사람이어야 한다.

- 웅변술은 많은 지식과 노력을 통해 이루어지므로, 웅변술을 배우는 학생은 창조적인 영감을 가지고 공부하여 지식을 쌓도록 노력해야 한다.
- 웅변술을 배우는 학생은 지성을 연마해야 하며, 카람진이 말한 것처럼 풍부한 언어가 곧 풍부한 사고라는 점을 인식해야 한다.

그렇다면 수사학 공부는 무엇부터 시작해야 할까?

수사학에 관한 몇 가지 교재를 펴낸 바 있는 Аннушкин В.И.의 다음과 같은 조언이 여러분들이 수사학 공부를 하는데 단초가 될 것이다.

조언 1: 나름대로의 '웅변가의 형상'을 마련하고, 자신의 개인적인 입장과 스타일을 확립하라. 연설을 할 때는 자신의 시각과 주장을 명확히 정리하여 사람들에게 영향을 줄 수 있도록 해야 한다. 그러나 자신의 시각을 강요해서는 안되며, 청중들이 들을 준비가 되어 있는 경우에만 적절한 입장을 바탕으로 설득해야 한다. 그렇지 않은 경우에는 침묵을 지켜야 한다. 자신의 시각을 입증할 기회는 또 오기 마련이다. 연설 시에는 개성과 의지와 독자성을 표현해야 한다. 이와 관련하여, 아리스토텔레스는 "그 누군가를 설복시키려면 그에게 익숙한 성격의 사람으로 보이도록 해야 한다. 즉 웅변가로서의 적절한 형상과 가면을 찾아내야 한다."고 말했다.[48]

웅변가의 형상은 수사학의 중요한 개념으로 웅변가의 특성을 종합적으로 표현하는 말이다. 형상 또는 마스크란 사용되는 말의 내용이나 단어, 발음, 제스처 등을 통해 청자의 의식 속에 형성되는 웅변가에 대한 표상을 의미한다. 웅변가는 연설의 시간과 공간 그리고 청중의 사회적, 연령적 특성에 맞게 자신의 가능성을 활용하여 형상 또는 마스크를 형성해야 한다.

---

[48] Аристотель, Риторика//Античные риторики. М., 1978. - с. 20.

조언 2: 실제로 말하면서 배우고, 논쟁의 경험을 축적하라. 그런 경험은 당신의 웅변 기술을 점차 다듬어 줄 것이다. 온실에서는 웅변가가 나올 수 없다. 그러니 말하는 법을 배우고 싶다면 말을 해야 한다. 웅변가는 실제 대화와 토론, 논쟁 속에서만 탄생한다.

20세기 웅변이론의 대가인 Миртов А.В.는 "연설 시의 용기와 결단력, 집요함, 그리고 연설에 대한 준비와 숙고, 타인의 연설 관찰 – 이것이 웅변술의 가장 좋은 지침이다. 오직 인생과 현실만이 웅변술의 배움터가 된다. 책은 인생과 현실을 조명하는 참고서일 뿐"이라고 했다.[49]

조언 3: 자신의 연설과 타인의 연설을 분석하여 장단점을 찾아내고, 장점은 취하고 단점은 버려라. 자신의 연설이 좋지 못하다고 불평하는 것은 이미 그것에 대해 깊이 생각해보았다는 증거이다. 그것이 바로 수사학 학습의 시작이다. 즉, 어제의 실수를 내일 반복하지 않도록 노력한다면, 모레는 그런 실수에 대해 잊을 수 있게 될 것이다. 자신의 연설의 결함에 대한 적극적인 자세, 자기 분석과 개선을 위한 노력, 타인의 연설에 대한 관찰을 위해 다음 조언들이 유용하다.

조언 4: 표본을 정하고 그것을 통해 배워라. 이를 위해서는 먼저 자신의 성격에 어떤 스타일이 적합한지 이해하도록 해야 한다. 대부분은 어떤 사람의 연설에 크게 감명을 받은 경험이 있을 것이다. 이는 곧 닮고 싶은 연설의 표본이 있다는 것을 의미한다. 어린 시절에는 부모님이나 친척이 그런 표본이 되며, 좀 더 자라서는 마음에 드는 선생님이나 선배가 그런 표본이 되기도 한다.

표본이 될만한 연설을 들을 때는 연설이 성공적인 이유가 어디 있는가를 분석해보아야 하며, 그 후 자신만의 면모, 형상, 스타일을 형성해야 한다. 이와 더불어 공개 토론에서 직전 연사의 의견에 반드시 동조

---

49 А.В. Миртов, Умение говорить публично. 3-е изд., М., 1927.

할 필요가 없다는 점을 밝혀둔다.

조언 5: 수사학의 법칙과 규칙에 대해 공부하라. 수사학의 법칙이란 연설 또는 발화를 통한 의사소통 전반에서 도출된 이론적 기반을 말한다. 이 법칙으로부터 실제 발화를 위한 규칙이 도출되며, 규칙은 바로 법칙을 적용한 결과로 형성된 것이다.

예를 들어, 수사학의 주요 법칙 가운데 하나로 들 수 있는 것이 **연설을 통한 국가 창조 법칙**이다. 이 법칙의 규칙이 되는 것이 **연설 조직의 효율성**이다. 만일 연설에 대한 권리가 단 한 사람 또는 일부 계층에만 주어지며 시민들에게는 자신의 의견을 밝힐 법적 권리나 물리적 가능성이 주어지지 않는 국가라면, 그런 국가는 행복하거나 효율적으로 운영되는 국가가 될 수 없다.

조언 6: 다양한 시기의 작가나 웅변가의 다양한 스타일의 글을 읽어라. 자신이 태어난 문화-역사적 환경의 모범적인 글이나 다양한 문화권의 외국 작품들을 공부하지 않고서는 훌륭한 웅변가가 될 수 없다. 특정 문화 속에서 살더라도 인류활동의 이전 경험과 고전적인 모범 사례들에 대해 알려고 노력해야 한다. 러시아 고전 문학의 모범으로서는 로모노소프, 푸슈킨, 레르몬토프, 고골 등의 작품을 들 수 있다.

조언 7: 연설문 작성 및 실제 연설 연습을 꾸준히 하라. 연설을 하게 될 구체적인 상황을 가정하고 연습하는 것이 좋다. 또한 경험 많은 선생님 앞에서 연설을 하여 실수 교정 및 여러 가지 지도를 받는 것도 필요하다. 키예프, 모스크바 및 기타 도시의 신학교에서는 제시된 주제 해 대해 학생들이 직접 연설문을 작성하고 연설을 해보는 수사학 실습 수업이 운영되기도 했었다. 이때 교사는 연설문만 검토한 것이 아니라 실제 연설에 대한 평가도 수행하였다. 1918년에 조직된 웅변 연구소에서는 수업시간에 학생들이 사전 준비 없이 3분 스피치를 하도록 했고, 이를 분석하여 장단점을 파악하도록 하였다.

오늘날 러시아와 유럽, 미국에는 많은 웅변학교들이 조직, 운영되고 있다. 언제 있을지 모를 논쟁에 대비하여 연설, 웅변 연습을 해두는 것이 필요하다. 제대로 훈련 받지 않은 병사는 전장에서 잘 싸울 수 없다. 운동선수나 가수, 무용수 등 공연 예술가는 필요한 기능을 체득하기 위해 매일 연습을 한다. 화술 역시 매일의 연습과 규칙적인 훈련이 필요한 분야이다.

조언 8: 모범적인 텍스트들을 분석하고 숙지한다. 마음에 드는 텍스트를 선정하여 내용과 스타일을 분석하고, 큰 소리로 읽으면서 점차 암기해 나가야 한다. 이것은 수업 시간을 통해서 할 수도 있지만, 혼자서 실수를 교정해 가면서 하는 것도 나쁘지 않다. 녹음기나 비디오카메라를 사용하여 자신의 연설을 녹음, 녹화하여 듣거나 살펴보면서 연설 속도나 억양, 휴지부의 간격, 동일한 단어의 반복이나 불필요한 단어 사용 등을 포함하여 연설하는 자세나 몸동작도 점검하여 수정해나가는 것이 도움이 될 것이다. 모든 것은 자신의 연설을 어떻게 평가하는가, 자신의 실수를 교정해 나가는 과정을 얼마나 끈기 있게 지속해 나가는가 하는 점에 달려있다. 자기자신에 대한 스스로의 노력 없이는 그 어떤 훌륭한 연설가나 전문가가 탄생될 수 없는 법이다.

이렇게 다른 사람들의 모범적인 텍스트를 익히고 자신의 연설문으로 연습해 간다면 적당한 호흡과 확신에 찬 목소리로 연설할 수 있게 될 것이며, 연설에 대한 두려움과 불필요하게 자신에게만 집중하는 현상도 없어지게 될 것이다. 또한 위와 같은 연습 과정을 거치면 연설 과정에서 자신이 아닌 청중과 연설 내용에 좀 더 집중할 수 있게 될 것이다. 이것이 바로 성공적인 연설의 지름길이다.

조언 9: 발화의 기술에 대해 공부하라. 이것은 호흡, 명확한 발음, 발화 속도, 억양, 음성의 유연성 등에 대한 종합적인 연습을 의미한다. 발화 기술에 대한 공부는 어떤 면에서는 운동선수들의 훈련과 비슷하다. 정확한 조음 연습이나 빠르게 발음하는 연습은 겉보기에는 그리 도움이 될 것 같지 않지만 열성적으로 하게 되면, 점차 올바른 호흡, 억양, 발성, 리듬, 속도가 형성되어 발화의 음색이 점차 완성되어 간다.[50]

물론 한 두 가지 기술로는 훌륭한 연사가 되기에는 부족하다는 점을 알아야 한다. 그러나 그마저 갖추지 않는다면, 훌륭한 사고를 하는 사람도 자신의 의사를 상응하는 음성, 몸동작, 음조, 억양을 통해 적절하게 표현하지 못한다.

결론적으로 말하면, 위에 제시된 9가지 조언만으로 훌륭한 연사가 만들어지는 것은 아니다. 실 생활에서, 발화를 통한 의사소통의 실제에서 그리고 실제 연설 과정에서 지속적으로 새로운 문제를 겪게 마련이며, 그러한 문제를 해결해 나가는 과정에서 올바른 연설의 습관이 형성될 뿐 아니라 인간의 정신도 완성되어 간다.

1.3. 수사학의 기본 개념

수사학의 중심 개념은 연설의 법칙(**риторический канон**)에 있다. 연설의 법칙은 곧 발화의 기술적 순환 과정이자 발화를 형성하고 발음하는 과정을 연구하는 수사학의 한 부분이다.

발화 구성의 법칙에 대한 연구를 통해 고대 수사학은 대중 연설을 구성하는 기본적인 요소들을 밝혀냈다. 이에 관해 마르쿠스 키케로는 이렇게 썼다. "웅변가의 모든 행위와 기법은 다섯 가지 부분으로 구성된다. 먼저 웅변가는 **무엇을 말할 것인지** 결정해야 하며, 다음으로 **생각하는 바를** 특정한 순서로 논거들의 비중에 맞게 **배열해야** 한다. 그리고 그것에 **문체적인 색채를 입혀야** 하며, 다음으로 그것을 **기억 속에 담아**

---

50 В.И.Аннушкин, Риторика и стилистика. Часть 1. Учебное пособие для студентов социально-экономического и юридического факультетов.- М., 2004. – 164 с. 참조

두어야 한다. 마지막으로 효과적이고 매력적으로 **연설**하여야 한다."

이처럼 고전적인 연설 규칙은 다섯 단계로 구성되어 있다.

1. **고안(инвенция)** 또는 '발견' - 무엇을 말할 것인지 생각해 냄.
   연설의 대상을 결정하고 그것과 관련된 자료를 체계화하며 다양한 생각 및 관련된 사실을 일반 유형화한다. 마지막으로 입증할 방법을 결정하고 논거를 선정한다.
2. **배열(диспозиция)** – 생각해낸 바를 배열함.
3. **언어화(элокуция)** – 생각하는 바를 말로 바꿈, 말로 포장함.
   고대 웅변가들은 훌륭한 웅변의 기준을 다음과 같이 설정하였다. – 명확성, 정확성, 적절한 웅변 기법 활용, 허용되는 미사여구 사용 기술, 그리고 이들을 실현하는 수단, 즉 용어의 선택과 적절한 배합, 그리고 수사학적 형상[51]의 활용.
4. **기억(запоминание)** – 고대 그리스인은 다양한 기억법을 사용하였다. 예를 들어, 핵심적인 부분을 반복해서 쓰거나 문단 또는 중요 문장의 앞머리를 기억하는 방법을 사용했다. 데모스테네스는 투키디데스의 '역사'를 여덟 번이나 옮겨 적어 내용 전체를 외웠다고 한다.
5. **연설(произнесение)** – 발화의 '극적'인 수행 단계로, 단순히 말하는 것이 아니라 상응하는 몸짓이나 음성적 정보가 함께 구사되는 단계이다.

고대 웅변가들의 연설이 얼마나 큰 영향력을 가졌는지는 역사를 통해서 잘 알려져 있다. 고대 역사가들이 전하는 바, 페리클레스는 천둥번개가 치는 듯한 연설로 아테네 사람들이 힘겨운 전쟁을 포기하지 않도록 설득했다고 한다. 또 다른 저명한 웅변가인 데모스테네스는 마케도니아 황제 필립포스에 반대하는 연설로 아테네 사람들을 격동시켜

---

51 "형상(Фигура)은 단순하고 일상적이며 무미건조한 발화를 감정이 가득 담긴 표현, 열정적인 언어로 바꾸어주는 말 또는 사고의 쓰임새이다." (Н.Ф. Кошанский) 형상에는 다음과 같은 것들이 해당된다. – 동어반복법(эпифора), 어두중첩법(анафора), 점층법(градация), 생략법(эллипс), 접속사생략법(асиндетон), 대구법(антитеза), 은유법(метафора), 과장법(гипербола) 등.

전쟁에 나서게 하였다. 그의 연설문을 직접 읽어본 필립포스 황제도 만약 자신이 그의 연설을 들었더라면 자신도 필립포스 황제의 적이 되었을 것이라고 말했다고 한다. 그는 성공적인 연설을 위한 조건으로 발성이 가장 중요하다고 강조하였다.

여러분의 대중 연설이 명쾌하고 아름다우며 설득력 있는 것이 되도록 하고 내용 전달에서 더 나아가 청중의 정서적-미적 반응을 불러일으키도록 하기 위해서는 **문체론**과 **발화 문화**에 대한 지식뿐 아니라 발성의 기제에 대해 알아야 한다. 즉, 올바른 **호흡**과 **발성**을 할 수 있어야 하며, 러시아어 정음법 규칙[52]을 익혀 흠 없이 발음하는 기능을 습득해야 한다.

수사학의 중요 부분 가운데 하나인 **발성 기법**은 이와 같은 기본 조건들, 즉 연설이나 강의, 친구들과의 논쟁이나 각종 발표, 노래나 연극 공연 등 모든 종류의 음성적 발화가 성공적으로 수행되기 위한 기본 조건들을 제시한다.

---

[52] 러시아어 정음법 규칙에 관해서는 제2장 발화 계발론 참조.

2. 발성 기법

지금까지 러시아의 발성 학계는 러시아 연극의 전통에 기반한 발화 기술 분야에서 많은 경험을 축적해 왔다. 현재 러시아의 무대 발성학 전문가들은 언어학, 문학, 심리학 등 다양한 학문 분야의 연구 성과를 활용하고 있다. 또한 그들은 다양한 발성 기법의 교수법 개발을 위해 이비인후과학, 생리학, 체육치료학 등 의료분야의 최근 연구 성과도 도입하고 있다.

오늘날 러시아에는 저명한 발성 기법 학자들인 Саричева Е.Ф., Козлянинова И.П., Промтова И.Ю., Ласкавая Е.В., Рябчук-Ситко Т.Ф. 등이 쓴 다양한 발성 기법 교재들이 출판되어 있다. 무대 공간에서의 실제 경험을 토대로 한 이 교재들을 통해 말이 예술적 표현 도구가 되도록 해주는 다양한 기술적 방법에 대해 알 수 있다.

발성 기법의 한 부분이 되는 러시아어 정음법 기본 규칙들은 본 서의 제2장에서 이미 소개하였다. 이제 더 나아가 대부분의 발성 기법 교재에서 중요하게 다루는 음성, 호흡, 발성 등에 대해 살펴 보도록 하자.

2.1. 음성

2.1.1. 음성의 정의

음성은 다음과 같이 세가지로 정의할 수 있다.

첫째, 음성은 **생물 음향적 현상**으로, 성대의 활동으로 형성되는 소리이며 화자의 개인적 특성, 즉 물리적, 감정-심리적 상태와 사회문화적 수준, 직업이나 민족적 특성 등에 관한 정보를 전달한다.

둘째, 음성은 흡기 또는 호기의 조절이나 성대의 진동에 의한 다양한 높이, 크기, 음색, 길이를 가진 **소리의 복합체**이다.

셋째, 음성은 노래나 발화에 **억양을 부가하는 능력**이다.

언어학적 의미에서 음성은 발화를 구성하는 소리의 변별적 속성으로서, 강세 음절과 무강세 음절을 구별해주며 억양을 실현하는 수단이다.

심리적 측면에서 발음 상의 특성까지 고려한다면, 음성은 인간의 **발성 상의 면모**를 구성하는 요소이다.

음성은 소리를 통한 의사소통의 중요한 수단이며, 발화 대상자와의 의사소통을 구성하고 유지해주는 수단이다.

의사소통의 측면에서 음성은 가깝거나 어느 정도 먼 거리에서 말이 들릴 수 있게 해주며, 시선과는 달리 동시에 다수의 의사소통 참여자에게 전달될 수 있다. 그 외에 음성은 대화 상대자의 주의를 끌 수 있으며, 그로써 상호이해를 용이하게 해준다.

음성은 호기가 성대의 유연한 움직임으로 조절됨에 따라 형성된다. 조음에는 폐, 기관지, 후두 등의 호흡기와 구강과 비강 등의 공명 시스템이 참여한다. 호기 시에는 근육의 작용으로 호흡기의 압력이 높아져 공기가 열려진 틈으로 유연하게 흘러나간다.

조음 시 성대가 긴장되며, 닿쳐 있던 성문이 공기의 압력에 의해 잠시 열리게 된다. 그러면 공기의 일부가 호흡기로부터 빠져나간다. 그 후 성문은 탄력에 의해 다시 협착되었다가 압력에 의해 다시 열리게 된다. 바로 이런 방식으로 생물물리학적 현상이자 의사소통의 수단인 **음성**이라는 공기압의 주기적인 임펄스가 발생한다.

2.1.2. 음성의 음향적 특성

음성의 음향은 발성의 음향적, 심리적 특성의 종합체이다. 이 특성에는 다음과 같은 것들이 해당된다. – **전위, 높이, 크기, 대역, 긴장도, 성역, 유형, 성조** 등.

(1) 전위(атака)

전위는 발성의 착수, 즉 인간의 조음 기관이 호흡 상태에서 말이나 노래를 하는 상태로 전환되는 것이다.

전위는 **강전위, 약전위, 기음전위**의 세가지로 나누어진다.

강전위는 호기가 시작될 때까지 성문이 아주 짧은 시간 동안 조밀하게 닿쳐 폐와 기관의 공기압을 유지했다가 순간적으로 정태적인 긴장 상태에서 진동 상태로 전환되는 것이다. 음성의 강전위는 б, п, г, к, д, т 등 파열음 발음의 초기 상태와 유사하다.

약전위는 성문이 보다 덜 조밀하게 닿쳐있다가 호기와 성대의 진동이 동시에 시작되는 상태이다. 약전위는 м, в, н 등의 자음 발음 시와 어느 정도 유사하다.

기음전위는 강전위와 반대되는 현상이다. 성문이 좁아져 있다가 호기가 시작된 이후에 진동 상태로 전환되며, 마치 기관으로부터 공기를 불어내는 것과 같다. 기음전위로 발음되는 모음에는 [x]와 유사한 음가가 어느 정도 첨가된다.

이들 가운데 어떤 것을 사용하느냐는 발성의 목적과 연관된다. 예를 들어, 기음전위는 무언가를 부드럽고 세심한, 비밀스런 어조로 말할 때 적당하다. 강전위는 중요한 단어를 분리시켜 강조하거나 감정적인 어조로 말할 때 사용된다. 약전위는 양자의 중간 상태로 다른 것보다 더 자주 사용된다.

전위의 선택은 발성의 방법에 따라 이루어질 수 있다. 만일 음성이 너무 가늘거나 또는 거칠다면, 후두의 불필요한 긴장을 줄여줄 수 있는 기음전위를 연습하는 것이 유용하다. 반면, 강전위를 사용하면 생기와 음색이 없는 단조로운 음성을 개선할 수 있다. 한편 이러한 전위들이 [a], [o], [э]를 중심으로 한 개별 모음이나 어두 모음에서 확실하게 드러나고 조정될 수 있다는 점을 이해하는 것이 중요하다.

(2) 음성의 높이(высота)

음성의 높이는 주기적으로 압착과 이완을 반복하는 성문을 통해 공기가 흘러나가 형성되는 음성의 주파수에 대한 청각적 감각을 말한다. 음성의 주파수와 높이는 복잡한 상호관계를 가진다. 음성의 높이를 변별하는 것은 청각 훈련에 달려있다. 예를 들어, 피아노 조율사는 약 0.2%의 주파수 변화를 감지할 수 있으나, 어떤 사람들은 20% 정도의 주파수 변화도 감지하지 못한다. 발화의 억양 변화는 무엇보다도 멜로디를 통한 음성 높이의 조절로 이루어진다.

발화의 멜로디를 정확하게 지각하는 능력, 즉 음성의 모든 높낮이 변화를 포착하는 능력은 효과적인 의사소통의 기본 조건 가운데 하나이다. 또한 다양한 멜로디가 실현될 수 있도록, 그리고 폭넓은 감정 표현에 적절한 높이가 되도록 자신의 음성을 조절하는 방법을 익히는 것이 중요하다.

(3) 음성의 크기(громкость)

음성의 크기는 발성 기관들의 활동의 결과로 형성되는 음성의 강도에 대한 주관적인 청각적 지각과 관련된다. 음성을 직업적으로 사용하는 전문가들은 발화 시에 다양하게 다변적으로 음성 크기를 조절하여 활용한다.

음성의 크기는 많은 요인에 의해 결정된다. 그것은 무엇보다도 폐와 기관(성문 아래 부분) 내 공기압에 달려 있으며, 일차적으로 호흡기 근육(정확히 말해서 호기에 사용되는 근육)과 성문의 압착 정도에 따라 달라진다.

그 외에 후두에서 발생하여 발성 기관 전체를 통과하는 음성은 성문의 압착 기제와 구강 및 비강의 형상에 따라 특정한 음조를 가지게 된다. 다른 조건이 동일하다면, 음성은 공명도나 금속성 소음이 많이 포함되는 음조, 즉 고주파 배음에 더 많은 비중이 두어질 때 더 크게 들린다.

음성의 크기는 대부분의 경우 화자의 청각적 자기조절로 조정된다. 따라서 청중이 소란스러워지면 연사는 자신도 모르게 더 크게 말하게 되며, 이것은 호흡기 근육 운동을 강화시키고 성문의 진동 빈도를 높이는 방법으로 이루어진다. 소음에 대한 이런 반응은 합리적인 것이 못되며, 종종 발성기관의 이상을 초래하기도 한다.

(4) 음역(диапазон)

음역은 해당 음성으로 형성될 수 있는 소리들의 종합체이다.

음역은 주로 해당 음성의 가장 낮은 소리와 가장 높은 소리 간의 고저 차이를 의미한다. 높은 음역은 연령, 발성기관의 해부생리학적 특성, 감정적, 물리적 상태, 교육수준 등 다양한 요인에 달려 있다. 특정 목적에 음성을 사용하는 경우 음역이 확장되기도 한다. 높은 음역은 음성의 표현적 가능성과 발화의 멜로디 확대에 필수적이다.

음역은 활동적 음역과 음조적 음역으로 나누어진다.

활동적 음역은 음성의 절대적 강도나 크기와 연관된 것은 아니다. 예를 들어, 겨우 들릴 정도의 크기로부터 적당한 크기까지의 범위를 가지는 목소리는 큰소리에서 그리 크지 않은 소리까지의 범위를 가지는 목소리에 비해 활동적 음역이 더 넓다. 물론 목소리가 최대의 음역을 가지도록 할 때 발화의 표현력도 커지고 더 잘 들리게 된다. 그러나 목소리가 변하거나 갈라질 때는 강하게 발성하는 것을 피해야 한다. 음악이나 무대 발성학 분야에서는 음성 강도의 단계를 피아니시모, 피아노, 메조 피아노, 메조 포르테, 포르티시모 등의 이탈리아어로 표현한다. 이 단계들은 음성이나 발화의 강도를 분석하는 모든 경우에 적용된다.

음조적 음역은 음조의 다양성, 음성의 특별한 색채를 의미한다. 모든 사람은 발성기관의 기능적 특성에 따른 각자의 고유한 음조를 가진다. 그러나 발성기관은 기능을 조절할 수 있을 만큼 충분히 유연하다. 음조는 음성의 비음화, 순음화, 구개음화를 통해 전적으로 변화시킬 수 있다. 충분한 훈련을 받게 되면 자의적으로 인두를 확장하거나 좁힐 수 있고, 후두를 더 많이 내리거나 올릴 수 있으며, 성문의 움직임도 조절할 수 있다. 다양한 조음 구조를 터득한 사람은 그만큼 다양한 음조로 발성할 수 있으며 음조적 음역도 그만큼 넓어져 보다 정확한 의사소통을 수행할 수 있다.

(5) 음성의 긴장도(интенсивность)

음성의 긴장도는 음성의 에너지 특성으로, 특수장치로 측정될 수 있으며 일정 시간 동안 일정 공간을 지나는 음성 에너지로 표시된다. 음성의 긴장도는 직접적으로 변하는 경우가 거의 없다. 필요한 경우, 마이크를 사용하여 음압과 음압의 면적당 비율, 밀도 등을 측정하고 공식에 따라 분석, 산정하거나 상응하는 전자 장비를 사용하여 측정한다. 음성의 긴장도는 성문의 움직임이나 성문 아래 부분의 공기압의 크기에 달려있다. 그 공기압이 클수록 성문은 더 조밀하게 압착되며, 따라서 음성의 긴장도도 커진다.

(6) 성역(голосовой регистр)

성역은 동일한 생리학적 메커니즘에 따라 형성된 유사한 음색의 음성들이 분포하는 음성 대역 내의 한 구역을 말한다.

남성의 음성에서는 흉성역과 두성역(팔세토)이라는 두 개의 자연적인 성역, 여성의 음성에서는 흉성역, 중간성역(메디움), 두성역의 세 개의 자연적인 성역이 분리된다. 중간성역은 혼성성역이라 불리기도 한다. 흉성역은 풍부한 음량과 짙은 음색이 특징이며, 성문이 깊고 조밀하게 압착되어 형성된다. 흉성역이라는 명칭은 말이나 노래를 하는 경우 흉곽의 진동이 동반되기 때문에 붙여진 것이며, 빗장뼈 부근에 손을 대보면 진동을 느낄 수 있다. 자연스런 흉성역은 해당 음성의 낮은 대역과 특정 높이의 음조 사이에서 발생되므로, 말하거나 노래하는 사람이 흉성에 해당되는 생리적 메커니즘을 사용하여 보다 높은 음조의 소리를 내려고 하면 목소리가 갈라지게 된다. 이처럼 흉성역으로 말하거나 노래하는 데는 음성 높이에 대한 엄격한 제한이 따르게 된다.

두성역은 성문이 가장자리만 약하게 압착되어 형성되므로 음성의 강도가 약하고 음조가 빈약하며 피리소리와 같은 특성을 가진다. 이 경우 진동은 흉곽에서는 발생하지 않으며 머리 쪽에서 느낄 수 있다. 따라서 두성역이라 부르는 것이다. 자연스런 두성역은 음역의 상부를 점하지만, 보다 낮은 대역을 점할 수도 있다. 두성역을 사용한 발화는 에너지 소모가 적으며, 경쾌하고 맑은 음조로 예술 텍스트 낭독 등에 특별한 형상적 효과를 준다. 흉성역과 두성역의 생리적, 음향적 메커니즘이 대조적이기는 하지만 두 가지를 함께 사용할 수 있으며, 그 경우 혼합성역이 형성된다. 혼합성역은 흉성역에 비해 보다 부드럽고 가벼우며, 두성역에 비해서는 음량이 보다 풍부하다. 자연스런 혼합성역은 여성의 중간 음성 대역에서만 나타난다. 혼합성역을 음성 대역 전체로 확장시키면 고른 음조의 음성을 형성할 수 있고 대역의 폭을 높일 수 있어 발화의 멜로디가 보다 풍부해진다.

(7) 음조(тембр)

음조는 음성의 심리음향적 특성으로, 음성 스펙트럼 형성 구조와 소음성 요소와 불협화음적 배음의 발현 정도, 음성 조절 과정, 음전위, 음성적 신호의 약화 등 여러 가지 요소들에 의해 복합적으로 형성된다. 음조는 음성의 특수한 색채로서 종합적으로 지각되므로, 설사 사람들의 음성의 높이, 크기, 길이가 동일하다 하더라도 각각을 구별할 수 있게 해준다.

음조는 의사소통상 중요한 의미를 가진다. 예를 들어, 화자가 밝고 아름다운 음조를 가진 경우 청자 또는 청중과의 소통이 훨씬 수월하게 이루어진다.

음조는 자연적인 것일 수도 있고 의도적인 것일 수도 있다. 자연적인 음조는 특히 화자가 흥분 상태이거나 또는 청각적 조절에 어려움이 있는 경우에 나타난다. 자연적인 음조에 근거하여 화자의 생리적, 감정-심리적 상태를 거의 정확히 파악할 수 있다. 의도적인 음조는 주로 전문가들이 해당 발화에 직접적으로 연관되는 감정적 색채만을 목소리에 담아내기 위해 사용한다.

사람은 의도적이든 아니든 자신의 음조를 다양하게 바꿀 수 있다. 그러나 그런 경우에도 음조는 어느 정도까지는 개인의 특성을 유지하게 된다. 사람마다 음조가 다른 것은 발음 기관의 크기와 그들을 관장하는 신경계의 기능이 사람마다 다르기 때문이다. 그리고 동시에 음조의 폭넓은 변이가 가능한 것은 발성기관이 다양한 체제로 기능할 수 있기 때문이다.

음조는 기본적으로 성문의 압착과 목, 구강, 비강이라는 공명기관의 조절에 달려있다. 성문을 보다 조밀하게 압착시키고 수평적으로 진동시킬수록 더 풍부한 음조가 형성된다.

음조에는 쉰 목소리와 같은 소음성 부가음이 동반될 수도 있다. 만일 그것이 의도적인 것이 아니라면 성문이나 다른 발성기관에 장애가 생긴 것이라고 할 수 있으며, 그것이 의식적으로 만들어낸 것이라면 그것도 의도적 음조라고 할 수 있다. 그러나 그런 소음성 부가음은 예술 텍스트 낭독 등 특별한 경우가 아니라면 의도적 조음이라 할 수 없을 것이다.

일반적으로 이런 소음성 부가음은 발성기관을 올바르게 사용하지 않았다는 증거이므로, 항상 목소리를 잘 가다듬어 청명한 소리를 유지하도록 노력해야 한다.

사실상 음조를 기술하기는 어렵다. 보통 음조를 기술하는 데는 '비로드 같은, 부드러운, 음울한, 따뜻한, 찬' 등 음성과는 관련이 없는 사물의 다양한 속성과 연관된 의미를 가지는 단어가 사용된다. 무대 예술에서는 오래 전부터 '금, 은, 동, 비로드'에 빗댄 네 가지 음조 체계를 사용해 왔다. 이태리의 유명한 바리톤 티토 루표는 자신의 목소리에서 나타나는 네 가지 음조를 '백, 청, 적, 흑'의 네 가지 색깔로 구별하기도 했다. 때로는 음조를 '기쁜, 부드러운, 안정된, 우울한'의 네 가지 감정으로 표시하기도 한다.

발성에 있어서 음조를 가다듬는 것은 중심적인 과제가 된다. 발화의 목적에 부합하도록 음조를 형성하는 능력은 중요한 전문가적 능력 가운데 하나이다.

2.1.3. 음성의 유형

음성의 유형은 음의 높이와 음조를 기반으로 한 음성의 다양성이다. 음성의 상대적 높이라는 측면에서 음성은 다음과 같은 유형으로 나누어진다.

- 높은 음성 - 테너(남성 тенор),
  소프라노(여성 сопрано),
  디스칸투스(아동 дискант)
- 중간 음성 - 바리톤(남성 баритон),
  메조-소프라노(여성 меццо-сопрано),
  알토(아동 альт)
- 낮은 음성 - 베이스(남성 бас),
  콘트랄토(여성 контральто)

발화 음성의 성역은 다음과 같이 나누어진다.

- 흉성역 또는 저음역(**грудной или нижний регситр**) – 이것은 동종의 음으로 구성되며 발화 음성의 하부를 점한다. 흉성역(저음부)에서는 주로 흉강 공명이 이루어진다. 흉성에는 배음이 풍부하

다. 낮은 톤의 발화 음성이 흉성역에 해당된다.

- 두성역 또는 고음역(**головной или верхний регистр**) – 이것은 동종의 음으로 구성되며 발화 음성의 상부를 점한다. 두성역에서는 주로 두강 공명이 이루어진다. 흉성은 머리와 얼굴 부분에 진동이 느껴지는 것이 특징이다.
- 혼합성역 또는 중간음역(**смешанный или средний регистр**) – 이것은 중간음들로 이루어진다. 발화 음성의 혼합성역은 «음성 중간부»로 불리기도 한다.

발화 음성의 성역 간의 경계는 극히 다변적이며, 공명 기관의 형태, 성문의 두께나 길이 등에 따라 사람마다 다르다.

2.2. 음성의 의사소통 특성

음성의 의사소통 특성이란 성공적인 의사소통에 필요한 음성의 속성들을 말한다. 이에는 다음과 같은 것들이 해당된다.

:**적응성, 화음성, 견인성, 유연성, 활음성, 작용성, 일관성**

(1) **적응성(адаптивность)**은 음성이 공간의 규모, 형태, 잔향 특성, 청중의 수와 배치 형태 등 구체적인 음향 조건에 적응하는 특성을 말한다. 이 조건에 상응하는 음조 및 음성적 특성이 선택되어야 편안하고 명확하게 잘 들릴 수 있다. 음성의 적응성은 음량 및 음조 조절, 높은 음 대역 활용의 습관과 구체적인 음향 조건에서 자신의 발성을 분석하고 의사소통 목적이라는 측면에서 평가하여 합목적적으로 발성을 제어하는 능력을 전제로 한다.

(2) **화음성(благозвучность)**은 음성이 청명하여 불쾌감을 주는 부가음이 없는 것을 의미한다. 청중은 화자가 자신의 음성에 화음을 부

가하는 능력을 교육 수준과 지성의 증표로 받아들인다. 화음성은 보통 훌륭한 딕션과 완전한 스타일의 발음과 연관된다.

(3) **견인성(выносливость)**은 발성기관의 높은 운동 능력, 장시간 동안 음조와 음역을 유지하며 발성하는 부담을 견딜 수 있는 능력과 연관된다. 음성의 견인성은 타고난 신체적 능력, 연령, 음향적 조건 등 다양한 요인들에 의해 결정되며, 올바르게 발성하는 경우 견인성이 높아진다. 견인성을 전문적으로 활용하기에 충분한 음성만이 해당 특성을 가지고 있는 것이라고 할 수 있다.

(4) **유연성(гибкость)**은 화자의 의도에 따라 재빨리 높낮이, 크기, 음조, 그리고 성역의 전환이나 혼합이 가능한 음성의 특성이다.

(5) **활음성(полётность)**은 화자나 노래하는 사람이 힘을 적게 들여도 먼 거리의 청중에게도 들릴 수 있는 음성의 특성이다. 이런 특성을 가진 음성은 화자에게도 청자에게도 마치 음성이 가볍게 '날아가는 듯' 한 느낌을 준다. 이런 음성에는 항상 금속성 음이 섞여 있어 '방울소리'처럼 들리게 된다. 활음성은 좋은 음조의 중요한 특질 가운데 하나이다. 목소리에 활음성이 없으면 화자의 표현 가능성이 빈약해지며, 그것은 곧 비합리적인 발성과 불충분한 음성 조절을 의미한다.

(6) **작용성(суггестивность)**은 발음되는 말의 의미와 무관하게, 음성이 청중의 감정이나 태도에 영향을 주는 특성을 말한다. 음성의 작용성은 화자가 음조의 몇 가지 뉘앙스로 청중에게 영향을 주며, 주의를 사로잡고 공감을 얻어내거나 필요한 반응을 하게 하는 능력과 연관된다.

음성의 작용성의 수준을 보통 세 가지로 나눈다.

첫째 (낮은) 수준은 음성이 다른 음성들 가운데 두드러져 주목을 끄는 정도를 말한다. 이에 대해 청중은 무의식적으로 주목하며, 그 음성을 통해 전달되는 말의 내용은 청중의 의식과 무의식 속에 자리잡게 된다. 이 경우, 음성이 반드시 특별히 아름답거나 듣기 좋은 것이어야 하는 것은 아니다. 때로는 듣기 거북한 음성이 상응하는 연상을 초래하며 청중의 주의를 사로잡기도 한다. 이처럼 음성 작용성의 첫 번째 수준은 개략적인 반응을 초래하여 화자와 청자 간에 최초의 접촉을 형성시켜주는 능력이다.

두 번째 수준은 첫 번째 수준보다 더 강한 감정 작용을 하는 것으로, 화자가 음성을 통해 청자의 공감을 이끌어 내는 수준에 해당 된다. 두 번째 수준은 감정이 섞인 발성을 통해 자신의 감정과 사고를 강조하여 어느 정도까지는 청자의 사고 활동을 변화시킬 수 있다.

세 번째 수준은 청중의 행동 반응을 초래하는 수준이다. 이 수준에서는 화자의 음성에 청중들이 무의식적으로 명령으로 받아들일만한 특별한 색채와 음조가 나타나 청중들이 그 어떤 행위를 하거나 반대로 행위를 중단하게 된다.

그렇다면 작용성이라는 음성의 이 중요한 특성을 어떻게 의도적으로 조절할 수 있을까?

전문가들은 다음과 같이 조언한다.

첫째, **청중을 설득시키고자 한다면 자신이 말하는 바에 대한 확신을 가져라.** 자신이 말하는 것의 진실성과 중요성에 대한 확신은 강한 감정을 초래하며, 이것은 다시 신경, 근육 계통을 통해 음성에 반영되어, 음성에 필요한 음조를 부가한다.

둘째, **말할 때 불필요하게 긴장하지 않고 고르고 안정되게 호흡하는가를 주시하라.** 신념과 확신에 가득 찬 발화는 음성에 조금의 떨림도 없을 때 가능한 것이다. 호흡을 고르게 하고 구강의 용적을 최대로 하여 발성하면 음성은 부드럽고 따뜻한 음색을 띠게 되며, 성문을 최대한 압착시키고 호기를 최대한 활성화시키면 음성은 확신에 가득 찬 쩌

렁쩌렁 울리는 소리가 된다. 물론, 음성의 작용성을 최대한 활용할 수 있으려면 전문적인 훈련과 많은 실전 경험이 필요하다.

(7) **일관성(устойчивость)**은 발성하는 시간과 무관하게 음성의 높이, 크기, 음조가 안정적으로 유지되는 특성을 말한다. 즉, 목소리가 떨리거나 작아지거나 흉성역에서 두성역으로 갑자기 전환되어 이른바 '삑소리'가 난다든지 하는 등의 결함이 없는 안정된 발성을 말한다. 일관성은 화자의 확신과 결의, 그리고 안정된 감정상태를 청자에게 전달한다. 음성의 일관성은 발성기관 근육들의 적절한 긴장과 이완, 즉 올바른 조절의 결과로 나타나며, 올바른 발성인가를 판단하는 척도가 된다.

지금까지 살펴 본 음성의 속성은 별도로 존재하는 것은 아니다. 따라서 이 속성들을 개발하기 위해서는 서로서로가 연계될 수 있도록 해주는 종합적인 훈련이 필요하다. 간단히 말해서, 발성연습은 방법론적으로 올바른 체계적인 훈련이 필요한 것이다.

2.3. 호흡

발성에 대해 언급한 모든 교육학자들은 예외 없이 발성 기술 상의 가장 중요한 측면으로 **호흡**을 꼽는다.

Ласкавая[53]는 "호흡은 발성의 기본 중의 기본"이라고 했다. 올바른 호흡이 되지 않으면, 공기 없이 살 수 없듯이, 발화의 기술도 불가능하다. 음성의 유연성과 아름다움도, 발화의 멜로디와 조화로운 사고도, 그리고 사고의 올바른 표현도 어떻게 호흡하는가에 달려있다.

아래로부터 얼굴의 공명기관과 정수리 뼈까지 올라가는 활성화된 공기의 흐름이 없다면, 올바른 모음 발음도 성역 내의 고른 발성도 불가

---

[53] 참고문헌의 Е.В. Ласкавая 참조

능하다. 합리적인 발화 호흡은 발성기관의 발달을 촉진시키며, 성대뿐 아니라 온 몸의 피로를 줄여주며, 음성을 경쾌하고 독특하게 해주고 부드럽고 명확한 음조의 음성으로 만들어 준다. 그 외에 올바른 호흡은 목의 피로와 조기 노화를 방지해주며 오랫동안 좋은 음성을 유지할 수 있게 해준다.

올바른 호흡 습관은 단계적으로 형성된다. 호흡 교육은 올바른 호흡의 원리와 주요 개념을 소개하고 간단한 연습을 하는 것으로부터 시작된다.

먼저 호흡 연습에 사용되는 몇 가지 개념들을 살펴보자.

2.3.1. 조음 기관의 명칭

- **후두(глотка)** – 기도와 식도의 일부로서 발성에도 보조적으로 참여하는 기관이다.
- **경구개(твёрдое нёбо)** – 구강의 상부로 발성에 적극 활용된다. 경구개를 통과하는 음파는 입천장에 분포된 삼차신경의 두 번째 가지에 자극을 전달한다. 그 결과로 음질, 음의 청명도와 활음성이 조절된다.
- **연구개(мягкое нёбо 또는 нёбная занавеска)** – 혀뿌리 윗부분의 주름 잡힌 점막으로 구강과 인후를 구분하며, 음성 발달에 중요한 역할을 한다. 이 부분이 활성화되지 않으면 음성은 기어들어가는 듯한 소리가 된다.
- **아래턱(нижняя челюсть)** – 아랫니가 고정되어 있는 얼굴의 아랫부분으로 모음의 조음에 참여하는 중요한 기관이다.
- **횡경막(диафрагма)** – 흡기에 참여하는 근막으로, 이것의 작용으로 폐의 아래쪽 넓은 부분까지 공기가 채워진다.
- **복강근(мышцы брюшного пресса)** – 호기에 참여하는 강한 근육이다.
- **늑간근(межрёберные мышцы)** – 늑골 사이에 위치하는 근육으로 복강근과 더불어 호기에 참여한다. 호기 참여 근육들은 호기

의 흐름이 성문까지 도달하게 해주며, 보다 강하게 또는 가볍게 발음하는데 필요한 성대 하부 압력을 조절할 수 있다.

2.3.2. 호흡의 유형

• 가스교환(생리적) 호흡과 발화(발성) 호흡

가스교환 호흡은 발화나 조음과는 무관한 호흡이다. 이 호흡은 폐의 공기 순환을 목적으로 하는 호흡이다. 발화 호흡은 가스교환 기능에 발성, 조음 기관이 참여하여 수행하는 호흡 활동이다. 생리적 호흡과 발화 호흡은 일련의 속성 면에서 차이를 보인다.

생리적 호흡이 자동적으로 수행되는 반면, 발화 호흡은 어느 정도는 인간의 의사에 따라 이루어진다. 그리고 생리적 호흡 시에는 흡기와 호기의 길이가 거의 동일하나, 발화 호흡 시에는 흡기가 짧고 빠르며 호기는 보다 완만하게 이루어진다. 또한 생리적 호흡은 흡기, 호기, 휴지의 순으로 이루어지며, 발화 호흡은 흡기, 호기 그리고 발화를 위한 간헐적 휴지 순으로 이루어진다.

또한 호흡은 발화 시에 어떤 근육이 주로 사용되는가에 따라 **흉식 호흡(грудное дыхание)**, **복식 호흡(брюшное дыхание)**, **혼합 횡경막 호흡(смешанно-диафрагматическое дыхание)**으로 나누어진다.

• **흉식 호흡** 시에는 흉곽의 상부와 중부가 상승하며 흡기가 이루어진다. 이 경우 흡기는 다소 긴장된 것이 되며, 횡경막은 크게 작용하지 않는다. 호기 시에는 어깨 부분의 근육에 압력이 주어지며, 흡기 시에는 어깨가 올라간다. 흉식 호흡 시에는 복강근과 횡경막이 완전히 활성화되지 않아 호기가 길고 고르게 이루어지지 않는다. 따라서 공기 교환이 충분히 이루어지지 않으며, 목이 쉽게 피로해진다.

• **복식 호흡** 시에는 호흡 운동이 흉곽의 아래 부분에서 이루어지며, 호흡 시 횡경막이 아래 위로 많이 움직인다. 복식 호흡의 장점은 흡기가 부드럽고 빠르게 이루어진다는 점이며, 단점은 호기가 제한적이고 역동적이지 않으며 몸의 움직임이 심한 경우에는 곤란하다는 점이다. 또한 흉곽 중상부의 움직임이 수동적이라는 점은 발성의 질적 측면에서 부정적으로 작용한다.

• **혼합 횡경막 호흡 또는 완전 호흡** 시에는 흉강과 복강 근육들이 활성화된다. 완전 호흡은 흉곽과 복강의 모든 근육들이 동시에 기능하는 점에서 다른 호흡들보다 더 유용하다. 발성 시 올바른 완전 호흡을 하도록 훈련하는 것은 전문가 수준의 발성을 체득하는 데 필수적이다.

올바른 호흡의 중요한 조건 가운데 하나가 몸의 자세(**осанка**)이다. 올바른 호흡과 발성을 위해서는 머리를 항상 곧게 세우고 어깨는 자연스럽게 내려야 하며, 등을 곧게 펴고 가슴을 조금 앞으로 내밀고 아랫배를 약간 당겨야 한다. 그리고 몸의 긴장을 풀고 자연스럽게 이 자세를 유지해야 한다. 이런 자세가 유지되지 않으면 올바른 호흡과 발성이 이루어지지 않게 된다.

반면, 발성 교육 과정에서 이런 자세를 유지하게 되면 호흡 운동에 관여하는 근육들이 발달하게 된다. 자세를 체계적으로 교정해 나가면 짧은 시간 내에 완전 호흡을 터득하는데 도움이 된다. 전문가들은 걷거나 앉아있을 때 몸의 상부를 약간 뒤로 젖히고 어깨를 쫙 편 자세를 유지할 것을 권장한다. 이런 자세에서는 흉곽이 넓어져 폐의 공기 교환이 강화되며 복강의 근육 운동도 활성화되어 몸이 단정해지고 일할 의욕이 생기게 된다.

2.3.3. 호흡 운동(дыхательная гимнастика)

호흡 운동은 완전한 혼합 횡경막 호흡의 습관을 형성하기 위한 종합적인 운동으로 다음 몇 가지의 훈련을 포함한다.

1. 올바른 호기와 흡기 수행에 도움이 되고 호흡 시 복강 근육들의 활성화를 동반하는 완전 호흡 습관 형성에 도움이 되도록 특별히 선정된 몸동작을 포함한 호흡 훈련
2. 복강근 활성화를 포함한 혼합 횡격막 호흡 기술 터득, 호흡 리듬의 의식적 조절, 올바른 호기와 흡기의 상관성 습득 등을 과제로 하여 눕거나 앉거나 선 자세에서 수행하는 호흡 훈련
3. 호흡 교육을 통해 터득한 호흡법을 생활 속에서 사용하고 강화시키는데 도움이 되는 생활 호흡 훈련
4. 이전의 훈련 과정을 통해 터득한 호흡법을 텍스트 읽기에 적용한 호흡 훈련으로, 이 훈련의 목적은 텍스트의 내용과 논리, 그리고 텍스트에 반영된 저자의 호흡에 맞추어 호기를 적절히 배치하는 방법을 익히기 위한 것이다.

본 서에 소개한 이론들에 대한 연습문제를 중심으로 차후에 출간될 본 교재 제2권에 러시아 전문가들이 개발한 연습문제들을 제시하여 발화 기술을 학습할 수 있도록 할 것이다.

2.4. 딕션(дикция)

딕션은 단어, 음절, 개별 음성 발성의 명확성을 말하며, 발성 기관들(혀, 입술, 입천장 등)을 올바른 조음점에 위치시켜 해당 언어 음성 형태에 부합되도록 명확하게 발음하는 것이 훌륭한 딕션이 된다.

이제 러시아어의 올바른 조음에 필요한 지침들을 간단히 살펴보도록 한다.

2.4.1. 모음 А, Э, О, У, Ы, И의 조음

1) 모음 А

А를 발음할 때는 아래 턱을 내리고 입을 양쪽으로 넓게 열고 앞니가 약간 드러나게 한다. 혀는 아랫니 근처에 평평하게 위치시킨다. 그리고 연구개를 올려 코로 통하는 부분을 막고 공기를 입을 통해 내보낸다.

2) 모음 Э

입은 А 발음 시보다 좁게 벌린다. 혀끝을 아랫니 가까이에 위치시키지만 접촉시키지는 않는다. 혀의 중간 부분은 경구개 쪽으로 들어올린다. 연구개를 올려 코로 통하는 부분을 막고 공기를 입을 통해 내보낸다.

3) 모음 О

양 입술을 약간 내밀어 둥그렇게 말고, 혀는 뒤로 당긴다. 혀의 안쪽 부분은 연구개 쪽으로 올리지만, 너무 높이 올리지 않는다. 연구개를 올려 코로 통하는 부분을 막고 공기를 입을 통해 내보낸다.

4) 모음 У

양 입술을 힘주어 앞으로 내밀고 둥글게 만다. 혀는 О 발음 시보다 더 뒤로 당긴다. 혀의 안쪽 부분은 연구개 쪽으로 높이 올리며, 혀 뿌리를 목젖 뒷부분 쪽으로 강하게 당긴다. 연구개를 올려 코로 통하는 부분을 막고 공기를 입을 통해 내보낸다.

5) 모음 Ы

입을 약간 벌리고 혀의 안쪽 부분을 연구개 쪽으로 당겨 올린다. 혀끝을 아랫니에 대지 않으며, У 발음 시와 마찬가지로 혀 전체를 뒤로 당긴다. 연구개를 올려 코로 통하는 부분을 막고 입을 통해 공기를 내보낸다.

6) 모음 И

입을 약간 벌리고 앞니가 드러나도록 하며, 입술은 양쪽으로 약간 당긴다. 혀끝은 아랫니에 접촉시키고 혀의 안쪽 부분은 경구개 쪽으로 높이 올리며, 혀의 양 측면은 어금니에 붙인다. 연구개를 올려 코로 통하는 부분을 막고 입을 통해 공기를 내보낸다.

2.4.2. 자음의 조음

1) 자음 П, П'와 Б, Б'

П와 Б 조음 시 먼저 양 입술을 굳게 다물었다가 입을 통해 호기의 공기 흐름을 내뿜어 양 입술이 열며 소리를 낸다. П 발음 시에는 성대의 진동을 동반하지 않으며, Б 발음 시에는 성대를 진동시킨다. П'와 Б' 발음 시에는 혀의 중간 부분을 경구개 쪽으로 들어 올린다.

☞ 이 자음들을 발음할 때 모음 소리가 섞이지 않도록 해야 한다.

2) 자음 К, К'와 Г, Г'의 발음

경자음인 무성음 К와 유성음 Г 조음 시에 혀를 뒤로 당겨 혀 안쪽 부분을 연구개에 밀착시키며, 혀끝은 아랫니 가까이에 위치시키지만 접촉시키지 않는다. Г 발음 시에는 성대를 진동시킨다. 연자음 К'와 Г' 발음 시 혀 중간 부분을 경구개쪽으로 들어 올리며, 혀끝은 아랫니에 접촉시킨다. 경자음과 연자음 발음 시 모두 연구개가 들어 올려져 있어야 한다.

3) 자음 Х와 Х'

Х 발음 시 혀를 연구개 가까이 뒤로 당겨 혀와 입천장 사이에 틈을 형성하고, 그 틈으로 압축된 공기를 내보내 소리를 낸다. 연

자음 X' 발음 시에는 이에 더하여 혀의 중간 부분을 경구개 쪽으로 더 들어 올린다.

4) 자음 T, T'와 Д, Д'

T와 Д 발음 시 앞니가 드러나도록 턱을 벌리고 혀끝을 윗니 뒷부분에 댄다. 그리고 호기의 공기 흐름으로 혀끝을 뗀다. T'와 Д' 발음 시에는 이에 더하여 혀의 중간 부분을 경구개 쪽으로 들어올린다. 유성음 Д, Д' 발음 시에는 성대를 진동시킨다. 이 자음들을 발음할 때 공히 연구개는 들어올려진 상태가 된다.

연자음 T', Д'를 혀끝을 아래 송곳니쪽에 위치시키고 혓바닥의 앞부분을 경구개 쪽으로 접근시켜 발음하는 방법도 있다. 그런데 이 경우 C, З 음가가 섞인 소리가 나지 않도록 제대로 조음하여야 한다.

5) 자음 Ф, Ф'와 B, B'

경자음 Ф와 B 발음 시 윗입술을 위로 올려 윗니를 드러내어 아랫 입술의 중간 부분에 접촉시킨다. 입술과 이 사이에 형성된 틈으로 공기 흐름이 지나게 한다. 연자음 Ф', B' 발음 시에는 혀 중간 부분을 경구개 쪽으로 들어 올린다. 유성음 B, B' 발음 시에는 성대를 진동시킨다. 이 자음들을 발음할 때 공히 연구개가 들어올려진 상태가 된다.

6) 자음 C, C'와 З, З'

자음 C, З 발음 시 앞니가 드러나게 하고 혀끝을 아랫니에 밀착시키며, 혓바닥을 약간 들어올리고 혀의 양측면을 위 어금니 안쪽에 밀착시킨다. 이렇게 하여 혀 중간 부분에 형성된 틈으로 공기를 통과시켜 소리를 낸다. 유성음 З 발음 시에는 이에 더하여 성대를 진동시킨다.

연자음 C', З' 발음 시에는 추가적으로 혀의 중간 부분을 경구개 쪽으로 들어 올린다. 유성음 З, З' 발음 시에는 성대를 진동시키며, 연구개는 들어 올려진 상태가 된다.

7) 자음 Ш, Ж

자음 Ш, Ж 발음 시 양 입술은 약간 앞으로 내밀고 혀끝을 상부 치조 부분 뒤 경구개 쪽 가까이에 위치시키며, 혀의 양 측면은 위 어금니 잇몸 부분에 밀착시킨다. 이렇게 하여 혀와 경구개 사이에 형성된 틈으로 공기의 흐름이 지나가도록 하여 소리를 낸다. 유성음 Ж 발음 시에는 성대를 진동시킨다. 이 두 자음 발음시에는 공히 연구개는 들어 올려진 상태가 된다.

8) 이중 연자음 Ш' (철자 Щ)

이중 연자음 Ш'의 조음은 기본적으로 Ш 조음 시와 동일하지만, 거기에 혀의 중간 부분을 경구개 쪽으로 들어올리는 연자음 조음을 추가하여 길게 소리를 낸다. 양 입술은 약간 앞으로 내밀며, 성대는 진동시키지 않는다. 연구개는 들어올려진 상태가 된다.

9) 자음 Ч

자음 Ч는 폐쇄 파열 연자음 Т'에서 마찰 연자음 Ш'로 이어지는 복잡한 조음 구조(Т'Ш')로 발음된다. 혀의 양 측면은 위 어금니에 붙이고 혀의 중간 부분을 입천장 쪽으로 높이 올린다. 양 입술은 Ш를 발음할 때처럼 약간 앞으로 내민다.

10) 자음 Ц

자음 Ц는 폐쇄 파열 경자음 Т와 마찰 경자음 С로 이어지는 복잡한 조음 구조(ТС)로 발음된다. 먼저 Т를 발음하는 것처럼 혀끝을 윗니 뒷부분에 대고 혀의 중간 부분은 위 앞니의 치조 부분에 위치시킨다. 그 후 혀를 С를 조음하는 위치로 이동시킨다. 즉 혀끝을 아랫니 쪽으로 밀며 혀의 양 측면을 윗 어금니에 밀착시킨다. 이때 앞니를 드러내며 성대는 진동시키지 않는다. 연구개는 들어 올려진 상태가 된다. Ц는 항상 경자음이다.

☞ Ц를 발음할 때는 정확하게 조음해야 한다. 만일 혀가 위 앞니의 치조 부분에 강하게 밀착되지 않거나 아래 앞니에 접촉하지 않으면 힘없이 발음하는 C 소리가 된다.

11) 향음 M, M'

자음 M, M' 발음 시 양 입술이 가장 중요한 기능을 한다. 조음 시 양 입술을 닫아 긴장시키고, 공기의 흐름으로 양 입술을 열며 소리를 낸다. 이때 연구개는 아래로 내려 공기가 코를 통해 나가도록 한다. 성대를 진동시킨다.

12) 향음 H, H'

자음 H 조음 시에는 혀가 가장 중요한 역할을 한다. 혀 끝을 윗니 뿌리 부분에 밀착시키고 연구개를 내려 공기가 비강을 통해 나가도록 한다. 성대를 진동시킨다.

13) 향음 Л, Л'

자음 Л 조음 시에는 이를 드러내고 혀끝을 윗니에 대며 혀의 중간 부분과 양 측면은 아래로 내린다. 혀 뿌리 부분은 연구개 쪽으로 들어올려 약간 뒤로 당긴다. 공기가 혀의 양 측면을 따라 나가게 한다. 성대를 진동시키며, 연구개는 들어 올린 상태가 되어야 한다.

14) 향음 P, P'

음성 P는 조음 방법 상 특별한 위치를 점한다. 이 음성은 진동의 결과로 발생하는데, 혀끝을 윗니의 치조부분에 대고 긴장, 진동시켜 소리를 낸다. 혀의 양 측면은 위 어금니 쪽에 위치시킨다.

연자음 P' 발음 시에는 혀끝을 경구개 쪽으로 당기고 진동시켜서 소리를 낸다. 경자음 P 발음 시에는 양 입술을 자연스럽게 벌리고 소리를 내지만, 연자음 P' 발음 시에는 입술 양 끝을 양쪽으로 당긴 상태로 발음한다. P와 P' 발음 시 공히 성대를 진동시킨다.

15) 향음 Й

향음 Й를 조음할 때는 모음 И를 발음할 때처럼 이를 드러내고 혀 중간 부분을 긴장시킨다. 혀끝은 아랫니에 접촉시키며, 혀 중간 부분은 경구개 쪽으로 들어 올린다. 혀의 양 측면은 어금니에 접촉시킨다. 연구개를 올려 코로 통하는 부분을 막는다.

☞ 쉬음성 연자음이나 연자음 X' 음가가 섞이지 않도록 주의해야 한다.

향음 Й는 모음 A, O, У, Э와 결합하여 [j] 음이 첨가된 모음 Я, Ё, Ю, E를 형성한다.

2.4.3. [j] 음가가 첨가된 모음 Я, Ё, Ю, E의 조음

1) 모음 Я

모음 Я는 혀의 중간 부분을 경구개 쪽으로 강하게 올린 상태에서 모음 A의 조음 구조로 발음한다.

2) 모음 Ё

모음 Ё는 혀의 중간 부분을 경구개 쪽으로 강하게 올린 상태에서 모음 O의 조음 구조로 발음한다.

3) 모음 Ю

모음 Ю는 혀의 중간 부분을 경구개 쪽으로 강하게 올린 상태에서 모음 У의 조음 구조로 발음한다.

4) 모음 E

모음 E는 혀의 중간 부분을 경구개 쪽으로 강하게 올린 상태에서 모음 Э의 조음 구조로 발음한다.

올바른 딕션은 의사소통의 효과 달성에 극히 중요하며, 특히 교육자, 법률가, 아나운서 등 이른바 발화 전문가들의 직업적 활동에 특히 중요하다.

2.4.4. 딕션의 결함

딕션의 결함에는 유기적 결함과 비유기적 결함이 있다. 유기적 결함은 연구개의 유동성 부족, 너무 긴 아래 또는 위 턱, 고르지 않은 치열, 유연하지 못한 두꺼운 혀, 짧은 설소대 등 다양한 종류의 발성 기관 결함을 말한다. 이러한 결함은 다양한 음성을 올바르게 발음하지 못하는 원인이 되므로 언어교정 전문가 또는 치과 전문가의 도움을 받아 교정할 필요가 있다.

비유기적 결함은 어린 시절부터의 그릇된 조음 습관, 가정이나 학교에서의 발성에 대한 부주의 등에 의해 형성된 발화의 결함을 말한다. 가장 널리 확산된 결함은 힘없이 불명확하게 말하는 것이다. 이런 경우 대부분 입술의 움직임이 적고, 위 아래 치열 간의 간격도 충분하지 않으며 아래 턱도 충분히 내려가지 않는다. 이런 결함은 체계적인 자기통제와 다음과 같은 순서로 각각의 자음, 모음을 올바르게 발음하도록 꾸준히 연습하여 극복할 수 있다.

1. 조음 체조(입술과 혀를 위한 체조)
2. 개별 음성 훈련을 위한 음절 발음 연습
3. 개별 음성 훈련을 위한 단어 발음 연습
4. 개별 음성 훈련을 위한 속담, 격언, 빠른 말, 바른 말 연습

딕션 부분에는 많은 양의 연습용 자료가 필요하다. 러시아어 발음의 올바른 딕션의 기반 및 특성과 관련된 자료들은 차후에 출간될 교재의

'수사학' 부분에 연습문제 및 훈련용 자료 형태로 제시할 것이다.

<본 장의 내용과 관련된 참고문헌>

1. Аннушкин В.И. Риторика и стилистика. Часть 1. М.,2004.
2. Стернин И.А. Практическая риторика.М., 2005.
3. Ласкавая Е.В. Сценическая речь.М., 2005.

БИБЛИОГРАФИЯ

1. Аванесов, Р. И. Русское литературное произношение / Р. И. Аванесов. - М. : Просвещение, 1984. - 384 с.

2. Агеенко, Ф. Л. Словарь ударений для работников радио и телевидения: около 75000 словарных единиц / Ф.Л. Агеенко, М. В. Зарва. – М. : Рус. яз, 1984. – 810 с.

3. Акишина, А.А. Русский речевой этикет / А. А. Акишина, Н. И. Формановская. – М. : Рус. яз., 1983. – 181 с.

4. Аннушкин В.И. Риторика и стилистика. Учебное пособие для студентов социально-экономического и юридического факультетов. / В.И.Аннушкин. – М.:Изд-во Академии труда и социальных отношений, 2004. – 164 с.

5. Античные теории языка и стиля: Антология текстов / Спб.: Алетейя, 1996. – 362 с.

6. Артёмов, В.А. Психология обучения иностранным языкам. / В.А. Артёмов. - М., 1966. – 432 с.

7. Арутюнова, Н. Д. Фактор адресата / Н. Д. Арутюнова // Известия АН СССР. ОЛЯ. – 1981. – N 4. – Т. 40.

8. Беззубов, А.Н. Введение в литературное редактирование / А.Н. Беззубов. СПб.: Изд-во СпбГУ, 1997.

9. Бельчиков, Ю. А. Учебное пособие по практической стилистике и литературному редактированию / Ю. А.

Бельчиков, В. П. Вомперский. – М.: Изд-во Моск. ун-та, 1957. – 195 с.

10. Бердичевский, А. Л. Русский язык: сферы общения. Учебное пособие по стилистике для студентов-иностранцев. / А. Бердичевский, Н. Соловьёва. – М. : Рус. яз. Курсы, 2002. – 152 с.

11. Бондалетов, В. Д. Стилистика русского языка: Учеб. Пособие для студентов нац. отд. пед. ин-тов союзных республика / В. Д. Бондалетов, С. С. Вартапетова, Э. Н. Кушлина и др. – Л.: Просвещение, 1982. – 286 с/

12. Бондарко, Л. В. Стили произношения и стили произнесения / Л. В. Бондарко,Л. А. Вербицкая [и др.] // Вопросы языкознания. – 1974. – N 3.

13. Брызгунова, Е.А. Звуки и интонация русской речи / Е.А. Брызгунова.– М.: Изд-во «Рус. язык», 1977.

14. В поисках смысла: сб. статей в честь профессора К. А. Роговой / Под ред. Н.А. Любимовой. – СПб, 2001.

15. Валгина, Н. С. Активные процессы в современном русском языке: учебное пособие / Н. С. Валгина. – М. : Логос, 2003. – 304 с.

16. Васильева, А. Н. Курс лекций по стилистике русского языка / А. Н. Васильева. – М. : Рус. яз., 1990. – 247 с.

17. Васильева, А. Н. Практическая стилистика русского языка для иностранных студентов-филологов старших курсов / А. Н. Васильева. – М.: Рус. яз., 1989.

18. Вербицкая, Л. А. Давайте говорить правильно. Трудности русского произношения и ударения: Краткий словарь-справочник / Л.А. Вербицкая. - М.: Академия, 2003.

19. Виноградов, В. В. О понятии «стиля языка» (применительно к истории русского литературного языка) / В. В. Виноградов //Известия АН СССР ОЛЯ. – 1955. – Вып. 4.

20. Вомперский, В. П. Стилистическое учение М. В. Ломоносова и теория трёх стилей / В. П. Вомперский. - М. : Изд. МГУ, 1970. - 211 с.

21. Гаузенблас, К. К. К уточнению понятия «стиль» и к вопросу об объёме стилистического исследования / К. К. Глаузенблас // Вопросы языкознания. – 1967. - № 5.

22. Гвоздев, А. Н. Очерки по стилистике русского языка / А. Н. Гвоздев. – М.: КомКнига, 2005. - 408 с. – Серия: Литературное наследие XX века.

23. Головин, Б. Н. Основы культуры речи / Б. Н. Головин. – М. : Высш. шк., 1980. – 335 с.

24. Голуб И.Б. Стилистика русского языка / Голуб И.Б. – М.: Рольф; Айрис-пресс,1997. – 448 с.

25. Горбачевич, К. С. Изменение норм русского литературного языка / К. С. Горбачевич. – М. : Просвещение, 1971. – 270 с.

26. Горбачевич, К. С. Нормы современного русского литературного языка / К. С. Горбачевич. – М. : Просвещение, 1989. – 208 с.

27. Горбачевич, К. С. Русский язык. Прошлое. Настоящее. Будущее / К. С. Горбачевич. – М. : Просвещение, 1984. – 191 с.

28. Иванова, В. А. Занимательно о русском языке / В. А. Иванова, З. А. Потиха, Д. Э. Розенталь. – Л : Просвещение, 1990. – 255 с.

29. Кожина, М. Н. Стилистика русского языка / М. Н. Кожина. – М. : Просвещение, 1983. – 223 с.

30. Колесов, В. В. Культура речи – культура поведения / В. В. Колесов. – Л. : Лениздат, 1988. – 271 с.

31. Костомаров, В. Г. Языковой вкус эпохи: Из наблюдений над речевой практикой масс-медиа / В. Г. Костомаров. – 3-е изд., испр. и доп. - СПб.: Златоуст,1999. - 320с.

32. Костомаров, В. Г. Наш язык в действии: Очерки современной русской стилистики / В. Г. Костомаров. – М. : Гадарики. – 288 с.

33. Кохтев, Н. Н. Популярная стилистика русского языка / Н. Н. Кохтев, Д. Э. Розенталь. – М. : Рус. яз., 1984. – 192 с.

34. Крылова,О.А. Основы функциональной стилистики русского языка / О. А. Крылова. – М. : Рус. яз., 1979. – 223 с.

35. Культура русской речи: Энциклопедический словарь-справочник / Под ред. Л.Ю.Иванова, А.П.Сковородникова, Е.Н.Ширяева и др. – М.:Флинта:Наука,2003. –840 с.

36. Ласкавая, Е.В. Сценическая речь: Методическое пособие / Е.В. Ласкавая. - М.:ВЦХТ («Я вхожу в мир искусств»). – 144 с.

37. Люстрова, З. Н. Мир родной речи: Беседы о русском языке и культуре речи / З. Н. Люстрова, Л. Н. Скворцов. – М. : Знание, 1972. – 158 с.

38. Львов, В. В. Обучение нормам произношения и ударения в средней школе / В. В. Львов. – М. : Просвещение, 1989. – 144 с.

39. Львова, С. И. Язык в речевом общении / С. И. Львова. – М. : Просвещение, 1991. – 128 с.

40. Маркичев, Т. Б. Мастерство публичного выступления: Учебное пособие / Т. Б. Маркичев, Е. А. Ножин. – М.: Знание, 1989. – 176 с.

41. Никольская,С.Т. Техника речи: методические рекомендации и упражнения для лекторов / С. Т. Никольская. – М.: Знание, 1978. – 77 с.

42. Новиков, Л. А. Искусство слова / Л. А. Новиков. – М. : Педагогика, 1991. – 142 с.

43. Ожегов, С. И. Очередные вопросы культуры речи / С. И. Ожегов // Вопросы культуры речи. – 1955. – Вып. 1.

44. Осокин В.В. Логическое ударение/ В.В. Осокин . - Томск: Изд-во ТГУ, 1968. – 144 с.

45. Панов, М.В. История русского литературного произношения XVIII – XX вв. / М. В. Панов. – М. : Наука, 1990. – 456 с.

46. Панфилов, А. К. Лекции по стилистике русского языка / А. К. Панфилов. – М. : 1972.

47. Постникова, И. И. Фонетика – это интересно / И. И. Постникова, И. М. Подгаецкая. – М. : Просвещение, 1992. – 96 с.

48. Практическая стилистика русского языка. Функциональные стили: Учебное пособие для вузов/ Под ред. В.А.Алексеева и К.А.Роговой. – М.:Высшая школа, 1982. – 144 с.

49. Мериме, Проспер. Статьи о русских писателях. / Проспер Мериме. - М.,1958.

50. Разинкина, Н. М. Функциональная стилистика / Н. М. Разинкина. – М. : Высш. шк., 1989. – 182 с.

51. Розенталь, Д. Э. Словарь-справочник лингвистических терминов / Д.Э. Розенталь, М.А. Теленкова. - М.: Просвещение, 1976 - с.210.

52. Розенталь, Д.Э. Практическая стилистика русского языка / Д. Э. Розенталь. - М. : Просвещение, 1977. – 316 с.

53. Сазонтьев, Б. А . От умения слушать до умения говорить / Б. А. Сазонтьев // Слово лектора. – 1980. - N 7.

54. Стилистический энциклопедический словарь русского языка / Под ред. М. Н. Кожиной. – М., 2003. – 696 с.

55. Сценическая речь: Учебник/ Под ред.И.П.Козляниновой, И.Ю.Промптовой. – М., 1995. – 624 с.

56. Успенский, Л. В. Культура речи / Л. В. Успенский. – М. : Знание, 1976. - 96 с.

57. Чичерин, Г. В. Устная речь как искусство / Г. В. Чичерин // Русская речь. – 1978. – N 9.

58. Чуковский, К.И. Живой как жизнь: О русском языке/ К.И.Чуковский. – М.:КД Университет, 2004. – 224с.

59. Щерба, Л.В. О разных стилях произношения и об идсальном фонетическом составе слов /Л.В. Щерба // Языковая система и речевая деятельность.- Л.: Наука, 1974. – С.141-159.

60. Эффективная коммуникация: история, теория, практика: Словарь-справочник /Отв. редактор М.И. Панов; сост. М.И. Панов, Л.Е. Тумина. – М.:ООО «Агентство КРПА Олимп», 2005. – 960 с.

61. Язык и культура / Е. М. Верещагин, В.Г. Костомаров. – М : Рус. яз., 1983. – 269 с.

ИНТЕРНЕТ-РЕСУРСЫ

1. www.philol.msu.ru Кедрова Г.Е., Потапов В.В. и др.
2. www.philol.msu.ru
3. www.ruscorpora.ru
4. www.krugosvet.ru

러시아어 구어 연구 : 발화 문체론, 발화 계발론, 수사학

초판 인쇄 2008년 3월 20일
초판 발행 2008년 4월 1일

지 은 이 ▪ 표 상 용 · Murang Olga V.
옮 긴 이 ▪ 김 민 수
펴 낸 이 ▪ 박 철
펴 낸 곳 ▪ 한국외국어대학교 출판부
130-791 서울특별시 동대문구 이문동 270
전화: 02)2173-2495~2497
FAX: 02)2173-3363
홈페이지: http://press.hufs.ac.kr
전자우편: press@hufs.ac.kr
출판등록 ▪ 제6-6호(1969. 4. 30)
편집 · 디자인 ▪ (주)이환 D&B 02)2254-4301

ISBN 978-89-7464-491-8 13790 정가 13,000원

* 잘못된 책은 교환하여 드립니다.